우리 김치가 좋다

우리 김치가 좋다

지은이 김정숙
펴낸이 양동현
펴낸곳 아카데미북
   출판등록 제13-493호
   02832, 서울 성북구 동소문로 13가길 27
   전화 02-927-2345 팩스 02-927-3199

초판 1쇄 발행 2014년 10월 25일
초판 2쇄 발행 2016년 11월 25일

ISBN 978-89-5681-153-6 13590

✽ 잘못 만들어진 책은 구입한 곳에서 바꾸어 드립니다.
✽ 지은이와의 약속에 의해 인지는 붙이지 않습니다.

www.iacademybook.com

이 도서의 국립중앙도서관 출판시도서목록(CIP)은
e-CIP홈페이지(http://www.nl.go.kr/ecip)와 국가자료공동목록시스템(http://www.nl.go.kr/kolisnet)에서
이용하실 수 있습니다. CIP제어번호 : CIP2014029120

천년의 밥상을 지켜 온 건강한 맛

우리 김치가 좋다

김정숙

아카데미북

머리말

기다림과 정성의 맛으로 생명의 밥상을 차리자

삶은 '기억 속의 시간'이다. 내 삶의 우물에는 늘 세월만큼의 추억이 고여 있다. 그리고 그 추억의 상당 부분은 따뜻한 김이 오르는 밥상에 온 식구가 둘러앉아 도란도란 정을 나누던 풍경이 차지하고 있다. 한 술의 밥이라도 더 먹이려 애쓰시던 어머니의 밥상은 늘 제철 맞은 푸성귀로 가득했다. 계절마다 다른 맛으로 밥상에 오르는 열무김치, 고구마줄기김치, 고들빼기김치 등은 잡곡밥과 함께 금세 보시기 바닥을 드러내곤 했다.

하루의 안부를 나누는 밥상에 맨 먼저 놓이는 것도, 가장 많이 놓이는 것도 김치였다. 유난스러울 것 없는 무와 배추에 마늘과 생강, 젓국 등의 양념과 어머니의 정성이 더해지면 독특한 향미가 생겨 우리의 시장기를 요동치게 했다. 힘과 위안을 주는 어머니의 밥상에서 김치는 소통의 문을 열어 주는 에너지가 되었다. 예사로운 시간과 공간을 넘어 몸에 새겨진 어머니의 김치 냄새는 이제는 그리움의 내음으로 다가온다.

음식은 행복을 위한 필수 조건이며, 잃어버린 날들을 추억하게 하고, 고향과 어머니에게로 향한 그리움의 길이기도 하다. 또한 자신의 정체성을 확인하는 길이며, 신분을 나타내고 결속력을 다지기 위한 하나의 의식이기도 하다.

철학자 아미엘Amil, Henri Frederic은 '건강이 있는 곳에 자유가 있고, 건강은 모든 자유 가운데 으뜸이다'라고 했다. 건강한 음식을 먹으면 그만큼 행복하게 살 가능성은 커지고, 건강 정보의 홍수 속에 무병장수할 수 있는 '생명의 밥상'에 대한 기대 수준이 높아졌다.

인간의 지혜란 먹는 데 관한 한 놀랄 만큼 섬세한 까닭에, 만물 중에서 먹을 것을 골라내고, 깊은 맛을 끌어 낼 줄 알며, 미각을 자극하여 먹는 즐거움을 배가시키는 방법을 찾아낸다. 음식은 단순히 굶주림을 면하는 것이 아닌, 자연환경과 종교, 문화를 어우르는 식문화이다.

음식이란 정성과 사랑이 배어 있는 생명체이다.
정을 나누며 먹는 음식은
소찬이나마 달디 단 음식이 되어
몸과 마음을 자라게 한다.

오색五色과 오미五味를 갖춘 맛의 우주론宇宙論

민족과 나라마다 독특한 전통 음식이 있다. 우리 전통 음식은 맛과 영양, 풍류가 있고 영양의 균형과 재료의 배합이 우수한 조리법으로, 오늘날 식품 영양학적인 측면에서도 우수한 것으로 평가되고 있다. 그중에서도 김치는 하늘과 땅, 사람이 교감하여 새로운 맛을 창출한 것으로, 김치 한 젓가락에도 마음과 우주가 있다.

이어령 교수는 김치를 '오색五色과 오미五味를 갖춘 맛의 우주론宇宙論'이라고 표현한 바 있다. 우리의 전통 음식 문화에는 음양오행陰陽五行 사상이 짙게 깔려 있다. 음양오행이란, 모든 사물의 현상은 서로 대립되는 속성을 가진 음과 양으로 이루어져 있으며 그것이 상호 조화를 이룬다는 철학이다. 즉 우주의 기초를 이루는 5가지 물질인 목木·화火·토土·금金·수水가 서로 어울려 만물이 이루어졌다고 보는 것이다.

김치는 푸른색·붉은색·황색·검은색·흰색의 5가지 빛깔을 띠는 오방색五方色을 지닌다. 배추는 '백채白菜'라고 부르며, 기조색은 흰색으로 금金을 상징한다. 고춧가루는 붉은색으로 화火를 상징하고, 갓·파·미나리는 푸른색으로 목木을 나타낸다. 생강·마늘·배추 속잎은 노란색으로 토土를 상징하고, 젓갈·청각·김장독은 검은색으로 수水를 나타내어 오방색과 오행 사상이 들어 있다는 것이다.

또한 김치에 '오미五味'가 있다 함은 고추의 매운맛, 소금의 짠맛, 양념과 과일의 단맛, 젖산 발효로 인한 신맛, 여러 가지 채소의 떫은맛, 천일염에 절여 막 담근 김치의 쓴맛이 어우러져 내는 오묘한 맛을 일컫는 것이다. 이 중에서 쓴맛과 단맛은 다른 음식의 맛을 감소시키지만, 짠맛과 신맛은 다른 음식의 맛까지 돋우는 효과가 있다. 짠맛과 신맛을 고루 갖춘 김치는 다른 음식을 더 맛있게 먹게 하는 역할도 한다. 이러한 사상이 우리 음식 문화에 녹아 독특한 양념 문화로 발전해 왔는데, 그것이 바로 '고명'과 '복합 양념법'이다.

 오색과 오미를 고루 갖춘 식품으로 오기五氣를 고루 갖추고 있다는 철학적 의미 외에도, 김치에는 '약과 음식은 불가분의 관계'라는 의식동원醫食同原 사상이 깔려 있다. 실제로 양념 원료의 대부분은 한약재로도 사용되고 있으며, 다양한 종류의 부재료를 첨가하여 탄수화물·단백질·각종 비타민·무기질 등의 영양소를 풍부하게 함유하고 있다. 이 때문에 김치가 생활습관병을 예방하는 것은 물론 항암 효과까지 지닌 훌륭한 건강식품이 되는 것이다.

뛰어난 색채감과 맛의 조화, 자연의 질서에 순응하는 맛
'김치' 하면 가장 먼저 붉은색이 떠오르지만 워낙 종류가 다양한 만큼 다른 색을 내는 김치도 많다. 흰쌀밥과 대비되는 붉은 배추김치와 깍두기, 여름날 꽁보리밥과 함께 먹는 초록색 열무물김치, 가을 정취가 물씬 풍기는 노란 콩잎김치와 깻잎김치, 백설기에 곁들이는 연분홍빛 나박김치에 이르기까지 그 빛과 색이 매우 다양하다. 이처럼 김치는 색상의 조화를 통해 시각적인 아름다움과 맛의 완벽한 조화를 이루고 있다.

 또한 김치에는 자연의 질서에 순응하는 친화적인 자연미가 숨어 있다. 김치를 고춧가루로 물들이기 전에는 자주색 갓이나 장독가에 핀 맨드라미, 홍화 추출물을 이용하여 재료를 붉게 물들였다. 자연을 식생활에 적용하는 독특한 방법을 통해 자연의 아름다움을 맛본 조상들의 슬기를 엿볼 수 있다.

이 책은 나의 세 번째 김치 책이다. 첫 김치 책을 내고 6년 동안 김치 전문가 과정, 김치 소믈리에 등에서 100여 가지 넘는 김치에 관한 교육을 했지만 김치는 여전히 어렵다. 한 포기의

> 한 포기의 배추도 봄과 여름이 다르고 가을 김장거리가 다르다. 재료 선택, 양념 배합 조건, 저장 온도, 숙성 기간에 따라 변화무쌍해지는 맛과 색, 그리고 영양의 변화에 경이로움을 느끼지 않을 수 없다.

배추도 봄과 여름이 다르고, 가을 김장거리가 다르다. 재료 선택, 양념 배합 조건, 저장 온도, 숙성 기간에 따라 변화무쌍해지는 맛과 색, 그리고 영양의 변화에 경이로움을 느끼지 않을 수 없다. 또한 지역과 문화, 각 가정마다 김치 맛에 대한 정서가 다르다는 점에도 늘 감탄하곤 한다.

이 책의 제1장인 앞부분과 제5장인 뒷부분에서는 김치의 의미, 종류, 역사 등 김치의 이론을 다루었고, 실전편이라 할 수 있는 제2장~4장에서는 김치 재료와 김치 담그는 법, 김치를 활용한 요리를 수록했다.

   김치 담그는 과정은 초보자도 어렵지 않게 할 수 있도록 계량 단위를 친숙하게 했다. 평소에 김치를 담가 드시는 분이라면 계절별로 다양한 별미 김치를 담그는 지침서로 활용할 수 있을 것이며, 이 책을 바탕으로 보기에도 좋고 맛도 더 훌륭한 김치를 만들어 내실 수 있으리라 여겨진다. 아울러 김치의 우수성을 확인하여 우리 음식 문화에 대한 자부심을 갖고, 김치에 감칠맛을 더하는 계기가 되기를 기대한다.

   마지막으로, 빼어난 음식 솜씨로 언제나 필자를 도와주고 있는 성실하고 아름다운 제자들과, 사랑으로 격려해 준 가족에게 고마운 마음을 전한다. 정성을 다해 책을 엮어 준 아카데미북 여러분께도 감사드린다.

2014년, 가을의 길목에서
김정숙

차 례

머리말 ...4

제1장
우리 김치 바로 알기

김치란 무엇인가? ...16
김치의 영양과 효능 ...22
김치의 종류 ...28
    재료별 김치 ...28
    계절별 김치 ...30
    지역별 김치 ...31
    특수 김치 ...36

제2장
김치 재료와 손질법, 양념

주재료 고르기와 손질하기 ...40
기본 양념 ...44
재료 이야기 ...47
  ● 김치에 넣는 풀 쑤기 ...56
젓갈 이야기 ...57
  ● 김장 김치 맛있게 보관하는 법 ...60
  ● 식품의 중량과 목측량 ...61

제3장
김치 담그기

사시사철 맛을 내는 사계절 김치

전라도식 통배추김치 ...64
  ● 배추김치 담그는 법 ...66
서울경기식 배추김치 ...68
묵은지 ...70
갈치통배추김치 ...72
명태김치 ...73
백김치 ...74
해물보쌈김치 ...76
동치미 ...78
나박김치 ...80
섞박지 ...82
깍두기 ...84
무보쌈김치 ...85
총각김치 ...86

총각무동치미	... 87
알타리무동치미	... 88
알타리무장김치	... 89
열무김치	... 90
열무물김치	... 91
풋고추열무물김치	... 92
오이소박이	... 94

신선함으로 맛을 내는 즉석 김치

배추겉절이	... 96
● 겉절이 담그는 법	... 98
알배추겉절이	... 100
양배추물김치	... 101
무생채	... 102
굴무생채	... 103
양배추오이김치	... 104
오이송송이	... 105
상추겉절이	... 106
시금치겉절이	... 107
참나물겉절이	... 108
콩나물김치	... 109
머위겉절이	... 110
달래도라지겉절이	... 111
피망김치	... 112
돌나물김치	... 114
오이냉국	... 116
가지냉국	... 118
김냉국	... 121

재료에 따라 특별한 맛이 나는 별미 김치

호박김치	... 122
가자미식해	... 124
석류김치	... 126
유자동치미	... 128
양배추말이물김치	... 130

갓김치	... 132
고들빼기김치	... 134
비늘김치	... 136
오이롤김치	... 137
낙지깍두기	... 138
전어섞박지	... 139
양파김치	... 140
고추소박이	... 141
부추김치	... 142
파김치	... 143
고구마순김치	... 144
미나리김치	... 145
가지김치	... 146
깻잎김치	... 147
고춧잎김치	... 148
무말랭이김치	... 149
톳김치	... 150
파래김치	... 151
과메기깻잎말이김치	... 153

건강한 재료로 우리 몸에 힘을 보태는
약선 김치

연근갓물김치	... 154
매실청무말이김치	... 156
오미자물김치	... 158
구기자배추김치	... 160
참마김치	... 161
더덕김치	... 162
도라지김치	... 163
수삼김치	... 164
우엉김치	... 165
전복김치	... 166
바나나갓김치	... 167

제4장
김치 활용 요리

김치말이편육	... 172
김치 춘권말이튀김	... 172
김치어만두	... 173
김치해산물소면	... 173
복주머니김치쌈	... 174
와인백김치두부말이	... 174
김치보쌈국밥	... 174
김치쇠고기말이	... 175
김치쇠고기크로켓	... 175
김치베이컨말이	... 175
오징어김치초회	... 176
김치장어말이	... 176
김치떡	... 176
고구마김치초콜릿	... 177
복분자주스김치젤리	... 177
김치쿠키	... 177

제5장
우리 김치의 역사와 문화

김치의 역사와 발달 과정 ... 180
사회・문화 속의 김치 ... 189
김치에 나타난 음식 예절과 효孝 사상 ... 192
신앙과 김치 ... 194
김장 ... 196
김치와 기무치의 비교 ... 201

- 색인 ... 203
- 참고 문헌 ... 204

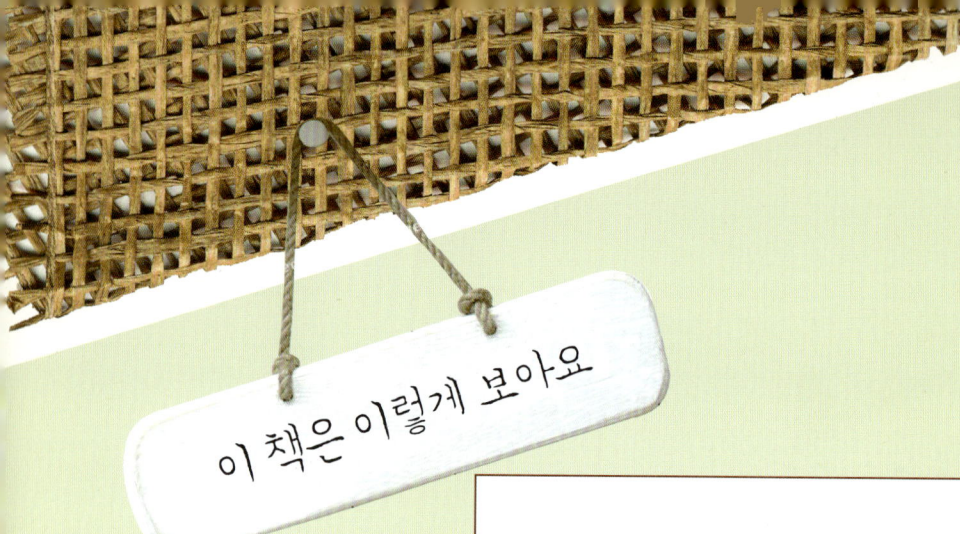

이 책은 이렇게 보아요

일러두기

- 이 책은 총 5장으로 구성되어 있다. 제1장과 제5장은 김치 이론, 제2장에서 제4장은 김치 재료와 담그는 법, 김치 응용 요리 등 실전에 관한 것을 다루었다.

- 레서피의 순서는 재료 준비, 담그기, 맛 포인트, 영양 성분 순이다.

- 계량 단위 : 1컵 200㎖(cc), 1큰술 15㎖(cc), 1작은술 5㎖(cc)

- 배추를 절이는 데 쓰는 소금은 천일염이며, 그 양은 배추 무게의 10%, 물은 배추 무게의 50%(절반)으로 하였다.

- 물김치의 소금물의 농도는 3%, 배추김치의 김치 염도는 2~3% 정도다.

- 절이는 시간 : 여름은 5~6시간, 겨울은 8~10시간이다.

- 고기가 아닌 채소와 생선을 우려내어 맛을 내는 데 쓰는 국물은 '육수'나 '다시' 대신 '맛국물'로 표기했다.

지역별 김장 시기
서울 · 인천 · 대구 : 11월 25일~30일
울산 · 포항 · 강릉 : 12월 2일~5일
광주 · 목포 · 부산 : 12월 14일~24일

→ 김치 이름

→ 재료

→ 주제별 김치 분류

사계절 추석 별미 약선

동치미 사계절

재료
절이기
 동치미무 4개(4kg)
 소금물(천일염 1/3컵 + 물 5컵)
양념
 쪽파 50g
 갓 200g
 홍고추 2개
 삭힌 고추 4개
 청각 30g
 마늘 80g
 생강 30g
 대추 3~4개
 배 1개
 대파(흰부분) 2뿌리
동치미국물
 새우젓 1/2컵
 소금물(천일염 2큰술 + 물 10컵)(농도 3%)

담그기
1. 작고 단단한 동치미무를 골라 껍질째 솔로 말끔히 씻어서 7~8시간 정도 소금물에 절여 씻어서 물기를 빼고 하나씩 무청으로 돌돌 말아 묶는다.
2. 국물용 소금물은 하루 전에 미리 풀어 놓아 불순물을 가라앉히고 윗물만 따라 새우젓을 넣고 팔팔 끓여 식힌 후 면보에 걸러 둔다.
3. 손질한 쪽파와 갓에 천일염을 뿌려 살짝 절인다. 쪽파는 2~3개씩 돌돌 감아 묶는다.
4. 홍고추는 이쑤시개로 쿡쿡 찔러 구멍을 내고, 삭힌 고추는 재빨리 씻어서 물기를 닦는다.
5. 청각은 물에 불려서 깨끗이 씻어 듬성듬성 썬다.
6. 마늘과 생강을 편으로 썰어 청각 함께 삼베 주머니에 넣고 묶는다.
7. 대추는 깨끗이 씻어 놓고, 배는 6등분한다.
8. 항아리 바닥에 삼베 주머니를 넣고, ①의 무, ③의 쪽파와 갓, ④의 고추, ⑦의 배와 대추를 중간중간 놓는다.
9. ⑧에 ②의 동치미국물을 붓는다.
10. 맨 위에 대파를 올리고 넓고 편편한 돌을 올려 서늘한 곳에서 서서히 익힌다.

→ 김치 담그기

맛 포인트
무는 담그는 김치 종류에 따라 적당한 것을 고르는 것이 중요하다. 크고 단단하며 물이 많이 나오는 무는 배추 소와 깍두기용으로, 윗부분이 파랗지 않고 알이 작은 재래종은 동치미무로 이용한다. 동치미국물의 소금물 농도는 약 3%로 무가 많을수록 맛있으며, 육수와 함께 섞어 냉면 국물로 이용하기도 한다.

영양 성분
무는 사과보다 10배나 많은 비타민C를 가지고 있다. 소화를 돕는 디아스타아제라는 전분 분해 효소가 들어 있어서 밥과 같은 탄수화물을 먹을 때 함께 먹으면 소화가 잘된다. 식물섬유도 풍부하여 장 속의 노폐물을 청소해 준다.

→ 맛 포인트

→ 김치 담그는 과정 그림

→ 영양 성분

제1장

우리 김치 바로 알기

김치란 무엇인가?

발효 과학의 총체, 김치

한국 음식의 특징은 발효에 있다. 전통 음식인 김치·간장·된장·고추장·젓갈 등은 모두 발효 식품이다. 김치는 만든다고 하지 않고 '담근다'라고 하는데, 이 말에는 '삭힌다', '익힌다'라는 뜻이 포함되어 있다.

프랑스의 사회 인류학자이자 구조주의의 선구자인 레비스트로스Levi Strauss(1908~)는 우리나라·중국·일본 이 동양 3국의 음식의 특징을 다음과 같이 함축했다. '중국 음식이 불의 맛이라면, 일본 음식은 칼의 맛이고, 한국 음식은 발효의 맛으로서 '음식 3각도'의 꼭짓점에 놓여 있는 것이 발효, 즉 곰삭힘이다.'

날로 먹는 자연의 맛이나 익혀서 먹는 문명의 맛에서 찾아볼 수 없는 제3의 새로운 곰삭은 발효 맛은 삭힘의 절대 시간이 필요하다. 그래서 김치의 맛은 '기다림의 맛'이자 '시간의 맛'이라고 할 수 있다.

김치는 과학적인 발효 식품

김치는 각종 채소에 부재료를 넣고 소금으로 절여 발효시킨 유기산 발효 식품이다. 채소에 양념을 하여 김치를 담가 숙성시키면 원료의 맛과는 다른 특유의 맛과 향이 난다. 김치의 숙성은 소금 농도와 주변 온도 등의 자연환경과, 배합하는 양념, 공기 접촉량 등에 따라 달라진다. 이로 인해 미생물의 번식과 활동이 달라지므로 이들 조건은 발효 식품 전체의 맛과 품질에 큰 영향을 미친다.

유기산 채소 발효의 장점은 부패성 미생물 발효를 억제하고 병원균의 감염을 억제하여 채소의 저장성을 높이고 원료의 향미와 영양가를 향상시키는 데 있다.

　김치를 담그는 순간부터 그 속에 뒤섞여 있는 잡균과 젖산균(유산균)과의 전쟁이 시작된다. 이는 생활환경에 따라서 점령군이 달라지는 전쟁터이다. 잡균은 산소가 포함된 공기를 좋아하고, 젖산균은 산소를 싫어한다. 갓 담근 김치와 국물 속에는 산소가 많지만 금방 소진된다. 처음에 번성하던 잡균은 산소의 결핍과 젖산균의 번성으로 설 자리를 잃고 죽어 나가기 시작한다. 산소가 없어진 국물에 잠긴 김치는 젖산균의 세상으로 변하기 시작한다.

　갓 담근 김치에는 ml당 1만 마리 정도의 젖산균이 있지만 김치가 숙성되면 6천만 마리로 급격하게 늘어난다. 김치가 맛있게 숙성되었을 때는 한 젓가락만 먹어도 무려 40~60억 마리의 젖산균을 함께 섭취하는 셈이다. 김치 속 젖산균은 배춧잎과 물관 등에 깊숙이 파고들어가 있기 때문에 장腸까지도 생균 상태로 도달하는 것이 많다.

　젖산균은 김장 김치 속의 '화학공장'이나 다름없다. 젖산균의 먹이는 배추와 무, 고춧가루, 과일, 풀, 설탕, 양념 속에 들어 있는 포도당과 과당이다. 젖산균은 이를 먹이로 삼아 김치의 독특한 맛을 내는 다양한 물질을 배설한다.

　배추와 고춧가루에는 포도당과 과당은 있으나 설탕이 없고, 당분의 양도 많지 않다. 그러면 젖산균은 김치의 깊은 맛을 내는 이들 부산물을 제대로 만들어 내지 못한다. 참고로, 가을배추의 당분 함량은 배추 무게의 2.3%, 고춧가루의 당분 함량은 30% 정도다.

　설탕은 포도당과 과당이 결합한 구조로 이루어져 있다. 젖산균이 설탕을 먹으면 그 결합을 '효소 가위'로 잘라 포도당과 과당으로 분리한 뒤 생화학 과정을 거쳐 덱스트란dextran과 만니톨mannitol을 만들어 낸다.

　만니톨은 당분이라고 하지 않고 당 알코올이라고 하며, 단맛의 정도는 설탕의 절반 정도이다. 젖산균의 생존율을 높이고 세포 노화의 주범으로 꼽히는 활성산소를 제거하는 역할을 한다. 만니톨이 많으면 맛도 좋다. 과일을 넣어 당분을 보충하거나 설탕을 배추 무게의 1% 정도 넣으면 좋다. 봄과 여름에 수확한 배추로 김치를 담그면 만니톨을 마구 먹어 치우는 젖산균이 번성한다. 그래서 여름김치에는 설탕을 좀더 넣어 주는 것이 좋다.

　김치 발효 과정에서 생기는 젖산균은 유해균의 번식과 발육을 억제하여 부패를 막고 김치를 숙성시키며, 유익한 미생물과 효소가 변화를 일으키는데, 이를 '김치의 숙성'이라고 한다. 이 과정에서 복합 발효 작용이 일어나 독특한 맛과 향을 생성한다. 그래서 김치를 일컬어 '발효 과학'이라고 표현한다.

김치의 젖산균은 발효를 통해 맛과 냄새와 관련된 부산물을 만들어 낸다. 예를 들어 젖산은 신맛, 초산은 신맛과 냄새, 주정은 술 냄새, 덱스트란은 감칠맛, 만니톨은 단맛, 이산화탄소는 톡 쏘는 맛을 낸다.

김치의 신맛을 내는 유기산 가운데 재료에서 오는 구연산[citric acid]과 사과산[말산, malic acid]은 김치 젖산균에 의해 젖산과 초산으로 바뀌면서 없어지고, 대신 호박산[숙신산, succinic acid]과 프로피온산[propionic acid]이 많이 생성된다. 호박산은 쓴맛을 낼 뿐만 아니라 경우에 따라 맛을 돋우는 성분으로 전환된다. 프로피온산은 맛과 냄새를 향상시켜 줄 뿐만 아니라 김치에 골마지가 끼는 것을 막아 준다. 콜레스테롤이 합성되는 것을 억제하여 고혈압을 예방하는 지방산으로도 알려져 있다.

김치의 감칠맛과 산뜻한 국물 맛은 유기산, 탄산가스, 조미 향신료뿐만 아니라 유리 아미노산과 핵산에 의해서도 형성된다. 유리 아미노산은 주로 김치의 단백질 공급원인 젓갈류나 굴 등의 해산물과 육류에 의해 이루어지는데, 멸치젓을 넣은 김치가 유리 아미노산 총 함량이 가장 많은 것으로 분석된다. 김치의 유기산, 유리 아미노산, 비타민류의 함량 변화는 전체적으로 김치가 가장 좋은 맛을 내는 완숙기에 최고값을 나타낸다. 이후 김치가 익으면서 비타민 함량은 줄어드는 것으로 보인다.

이로 미루어 볼 때 발효 부산물이 김치의 맛과 냄새에서 차지하는 비중은 매우 크다고 할 수 있다. 김치의 '상큼한 냄새'인 독특한 향기와 오미五味가 서로 조화를 이루어 어우러진 맛과 화려한 색깔, 아삭아삭 씹히는 질감에 의해 김치가 완성되는 것이다.

삼투압 효과를 이용한 채소 저장법

채소를 오래 보존하기 위한 방법 가운데 가장 진보적인 것은 소금이나 식초에 절여 숙성하는 방법이다. 단순히 채소를 '절인다'라는 점에서 볼 때 이러한 채소 저장법은 다른 나라에서도 많이 찾아볼 수 있다.

중국에는 배추나 오이를 소금 또는 식초에 절인 '파오차이[泡菜]'라는 채소 절임이 있다. 일본에서는 채소 절임을 통틀어 '쓰케모노[淸物]'라고 한다. 매실을 장에 담가 발효시킨 '우메보시[매실장아찌]'나 소금에 절인 무를 쌀겨 등에 파묻어 발효시킨 '다쿠앙[단무지]' 등이 이에 속한다. 서양에서 만들어 먹는 '피클pickle'은 오이와 각종 채소, 과일을 식초에 절인 음식이다. 독일 사람들이 만들어 먹는 '사워크라우트Sauerkraut'는 양배추를 잘게 썰어 소금에 절여 만든 채소 절임이다. 인도네시아에는 '아차르acar'라는 채소 절임이 있는데, 이것은 오이·양파·파파야·파인애플 등의 채소와 과일을 잘게 썰어 식초·설탕·소금을 넣은 물에 담가 놓고 먹는 음식이다. 필리핀의 아차르는 잘게 썬 파파야와 양파, 마늘 등에 식초를 넣어 버무린 피클의 일종이다. 태국의 '하카도운hakadoun' 같은 채소 절임은 한국이나 일본, 독일처럼 소금으로 절이는 것과, 동남아시아나 서구처럼 식초에 담그는 것으로 나뉜다.

우리나라 김치는 단순 절임 식품이 아닌 발효 식품으로, 어느 나라에서도 흉내 내지 못하는 독창적인 식품이다. 생채소를 1차로 소금에 절였다가 세척하고 탈수하는데, 이 과정에서 각종 유해 미생물이 제거된다. 여기에 삼투압 작용으로 2차 침채원沈菜源인 양념이 침투하여 맛과 영양이 조화를 이루게 된다. 2차 생채 침채법에 복합 양념법을 이용한 김치 제조법은 김치가 세계의 다른 절임 식품을 뛰어넘는 탁월한 우수성을 갖게 된 이유이기도 하다.

채소를 소금에 절이면 염분이 채소에 침투하는 동시에 탈수 작용이 일어나 채소에 들어 있던 수분이 밖으로 빠져 나오는데, 이를 '삼투압 작용'이라 한다. 삼투압 작용에 의해 세포와 세포 사이의 성분을 교류시켜 효소의 작용을 촉진한다. 이 때문에 채소의 풋내가 사라지고, 미생물과 효소가 작용하여 김치 특유의 맛을 내며, 방부 작용을 한다.

김치에 꼭 필요한 소금은 지방과 계절, 개인의 기호, 가정의 식습관 등에 따라 쓰는 양이 다르지만, 김치 맛을 내는 데 결정적인 역할을 한다. 소금은 미생물의 침입과 번식을 억제하여 부패를 막아 주고 유효 미생물을 선택적으로 번식시키는 효과가 있다.

소금에 들어 있는 마그네슘염 등은 채소의 펙틴 성분을 경화硬化하여 김치의 독특한 매력인 아삭아삭 씹히는 맛을 만들어 낸다. 소금의 농도 역시 김치 맛과 관련이 깊은데, 배추를 절일 때는 10% 식염수로 약 8~10시간 정도(기온에 따라 다르다) 절이는 것이 저온에서 오랫동안 절이는 것보다 당과 아미노산 용출량이 적어 맛과 영양 손실이 적다. 완성된 김치의 소금 농도는 3% 정도가 적당하며, 식염의 양이 알맞아야 발효가 빠르고 젖산 생성이 순조로워 맛이 좋아진다. 김치의 맛은 여러 가지 조건 중에서도 특히 소금의 양과 온도의 영향을 크게 받는다.

발효 온도가 낮으면 그만큼 발효가 늦어진다. 발효는 서두른다고 빨리 진행되는 일이 아니다. 김치가 익는 과정의 젖산균 발효는 -1℃~15℃ 사이의 온도에서 복잡하게 일어난다. 가장 알맞은 숙성 온도는 5~10℃이고, 숙성 기간은 15~20일, 산도[ph]는 3.5~4.3 정도일 때 가장 맛이 좋다.

주재료와 양념의 조화가 만든 음식 명품名品

김치는 수십 가지의 재료가 어울려 이루어진 음식이자 작품이다. 김치에 사용되는 재료는 크게 주재료·향신료·조미료·기타 부재료의 4가지로 나눌 수 있다. 주재료인 배추와 무 말고도 30여 가지의 식물성 재료가 들어간다.

김치에 주로 사용되는 양념은 소금·고춧가루·마늘·생강·젓갈·갓·파 등으로, 김치의 독특한 맛과 향기는 이들 양념에 의해 결정된다. 고추의 매운맛, 마늘과 양파의 유화수소 냄새, 젓갈의 냄새와 맛 등 양념 자체에서 오는 향미 성분은 김치 발효와는 직접적인 관계가 없다. 그러나 이들 성분이 혼합되어 김치에 향미를 더해 주므로 이들의 혼합 비율이 김치의 향미를 좌우한다고 할 수 있다.

주재료와 양념의 선택과 이용은 김치의 맛과 특색을 좌우하는 가장 중요한 요소로서, 양념은 조미료와 향신료로 나누어진다. '양념'은 한자로 '약념藥念'으로 표기하는데 '먹어서 몸에 약처럼 이롭기를 바라는 마음에서 여러 가지를 고루 넣어 만든다'라는 뜻이 숨어 있다.

우리 선조들은 양념을 사용할 때 약을 다루듯이 부족하지도, 지나치지도 않도록 유의하였다. 우리나라 음식은 한 가지에도 5~6가지의 조미료를 넣어 만들기 때문에 다른 나라의 음식과 비교하여 맛이 독특하다. 양념은 음식에 따라 적당히 혼합하여 알맞은 맛과 향을 내는 데 사용된다. 식품 자체가 지닌 좋지 않은 냄새를 없애거나 줄여 주고, 특유한 향기로 음식 맛을 더욱 높여 준다.

식물성 재료와 동물성 재료의 조화

김치 부재료로는 갓·미나리·당근·파 등의 채소류와, 육류·어패류·젓갈 등의 동물성 재료가 많이 사용된다.

어육 김치법은 우리나라 김치의 두드러진 특징 가운데 하나다. 그중 동물성 재료의 대표격인 젓갈은 우리나라의 대표적인 수산 발효 식품으로 김치에서 발효맛을 내는 주성분이며 아미노산의 주요 공급원이다. 맛을 내는 아미노산인 글루탐산이 젓갈 100g당 2~3g 정도로 풍부하게 들어 있기 때문이다. 이 젓갈이 만들어 내는 발효미味는 김치의 맛을 좌우하는데, 특유의 냄새가 처음에는 거부감을 주는 원인이 되었지만 사실은 감칠맛의 핵심이다. 맛을 내는 아미노산인 글루탐산[glutamic acid]이 100g당 2~3g 정도로 풍부하기 때문이다.

《규합총서閨閤叢書》에는 어육魚肉을 넣은 섞박지가 기록되어 있는데, 젓갈·낙지·전복 등의 어패류가 김치 재료로 첨가되었다. 또 안동 장씨의 《음식지미방飮食知味方》의 〈생치딤채법生雉沈菜法〉에는 '삶은 꿩고기에 오이지를 썰어 따뜻한 물에 소금을 알맞게 넣어 나박김채처럼 담가 삭혀서 먹는다'라는 내용이 있다.

대한제국 말기에는 어육이 주가 되고 채소가 부재료가 되는, 어육 위주의 닭깍두기·굴깍두기·전복김치·꿩김치 등이 있었다. 《조선무쌍신식요리제법朝鮮無雙新式料理製法》에는 닭고기·돼지고기·쇠고기를 김치에 사용하였다.

수산 발효 식품 가운데는 식해류食醢類가 있는데, 식해는 생선을 밥·소금·고춧가루·엿기름(또는 누룩)으로 버무려 담근 것이다. 1900년대 초까지 함경도·황해도·강원도·동해안 지역에서 다양한 어종을 원료로 하여 식용해 왔다. 지금도 가자미·갈치·조기·대구 등의 어류 및 연체류를 원료로 한 식해류가 식용되고 있다.

김치의 영양과 효능

숙성 시기에 따라 달라지는 김치의 영양

김치는 맛과 향기, 색깔로 식욕을 돋운다. 특히 주재료인 채소의 신선한 맛, 유산 발효에 의한 상쾌한 맛, 고춧가루를 비롯한 향신료로 인한 독특한 맛, 젓갈류의 감칠맛 등이 어우러져 식욕을 촉진한다.

김치의 맛과 영양은 재료와 숙성 정도에 의해 결정되는데, 발효 중 영양소의 변화는 숙성 조건에 의한 것으로, 특히 소금 농도와 온도가 큰 영향을 끼친다. 양념의 종류와 배합 비율, 젓갈(어패류)의 첨가 유무, 숙성일수에 따라 김치의 산도가 변화하며, 이 산도가 변하면 각종 비타민 함량도 변화한다.

김치의 숙성은 채소에 들어 있는 효소와 첨가된 젓갈, 찹쌀풀, 설탕에 기반을 둔 각종 미생물의 분비 효소에 의해 일어나는 일종의 발효이다. 따라서 김치 재료, 보관 온도와 장소, 저장 기간, 공기 접촉 상태, 산도(pH) 변화 등은 김치 미생물의 생육 조건과 밀접할 뿐만 아니라 각종 영양소의 함량과도 관련이 있다.

김치는 다양한 부재료를 첨가함으로써 탄수화물과 단백질, 각종 비타민과 무기질 등의 영양소가 풍부하다. 그중에서도 탄수화물은 주로 채소류의 당 성분에서 기인한다. 부재료인 파와 열무 등의 푸른 잎채소에는 비타민 C와 비타민 A로 전환되는 카로틴이 풍부하다.

김치는 저열량 식품이면서 식이섬유·비타민·무기질의 함량이 높다. 김치의 비타민 C와 베타카로틴, 섬유소는 고춧가루·배추·무 등의 채소를 통해 공급되고, 비타민 B군이나 양질의 단백질은 굴이나 젓갈류 등의 해산물을 통해 공급된

다. 비타민 B1·B2·니아신·B12는 담금 초기에는 다소 감소하지만, 맛이 좋아지는 시기인 5℃ 정도에서 3주에 이르는 시기에 2배가량 상승한다. 특히 비타민 C 함량은 10~8℃의 온도에서 24~72시간 저장했을 때 최고가 되고, 96시간이 지나면서 점차 감소하기 시작한다. 온도가 낮은 곳에서 저장해야 비타민 C 손실량도 적어진다.

김치의 아미노산과 지방은 젓갈류나 굴, 해산물 또는 육류를 첨가함으로써 증가하며, 이들 재료는 유기산이나 이산화탄소, 조미 향신료와 함께 독특한 맛을 내는 데 도움을 준다. 김치에 들어 있는 지방은 필수 지방산인 리놀레산(linoleic acid)과 리놀렌산(linolenic acid)으로, 전체의 44~60%를 차지한다. 김치는 또한 칼슘(Ca)·철분(Fe)·칼륨(K)·인(P) 등 여러 가지 무기질의 공급원으로도 중요한데, 특히 칼슘 함량이 높다.

김치가 건강에 미치는 효과

김치는 미국의 건강 분야 잡지 《헬스Health》(2006년 3월호)가 뽑은 세계 5대 건강식품에 선정될 만큼 중요한 건강 기능성 식품으로 대두되고 있다.

김치 맛의 비밀은 젖산균이다. 김장 김치는 젖산균[乳酸菌, Lactic Acid Bacteria]의 '소우주'다. 김치의 젖산균은 23종이 발견되었으며 우리나라에서 처음 발견해 국제 학회에 보고한 것만 6종이다. 이 가운데 잘 증식하는 젖산균은 류코노스톡Leuconostoc, 락토바실루스Lactobacills, 바이셀라Weissrlla가 대표적이다. 류코노스톡은 설탕, 포도당, 과당으로부터 모든 부산물을 생성하나, 락토바실루스는 젖산과 초산만 생성한다. 바이셀라는 모든 부산물을 생성하나 류코노스톡의 반 정도밖에 되지 않는다. 발효 능력은 바이셀라<락토바실루스<류코노스톡 순으로 높게 나타난다. 따라서 부산물을 다양하게 생성하는 젖산균인 류코노스톡이 김치 맛을 향상시키는 데 중요한 역할을 한다고 볼 수 있다.

한국식품연구원 전통식품연구단 이명기 박사 팀은 SAM(S-adenosylmethionine, 에스 아데노실메티오닌) 생성량이 우수한 기능성 김치를 개발했다. SAM은 간에서 독성 물질을 제거하고 우울증이나 뇌 질환성 생활습관병 치료제로 사용되는 성분으로, 콜레스테롤 이상 대사나 관절염, 치매에도 개선 효과가 있는 것으로 알려져 있다. 부산대학교 김치연구소(박건영 교수)의 연구 결과를 토대로 김치 건강 기능성을 살펴보면 다음과 같다.

김치 젖산균의 암 예방 및 항암 작용 _ 김치 발효 과정에서 생성되는 젖산균은 생균[probiotic]으로서, 정장 작용·면역력 증강 작용·항암 작용이 있다. 항돌연변이 효과가 있어서 유해균을 사멸하고, 장 내에서 항체를 증가시키며, 종양 발생을 억제하고, 면역력 활성 효과를 내어 암을 예방한다. 정장 작용이란, 대장 내 유익균인 락토바실루스와 류코노스톡의 발육을 돕고, 유해균(독성 물질)인 대장균의 생육을 억제하는 작용을 말한다.

젖산균은 발효 과정에서 비타민 B군을 생합성하고 증가시킨다. 비타민 B군은 에너지 대사에 관여하고, 신경통 개선·피로 해소·정력 증강 작용이 있다. 특히 김치의 필수 재료인 마늘의 알리신 같은 수십여 종의 유황 화합물은 항균 작용이 강력할 뿐만 아니라 위암 예방 효과가 있다. 젖산균이 발효된 양념 채소류(김치류)의 위암·폐암·유방암에 대한 효능은 숙성 전보다 30% 이상 높은 것으로 알려졌다.

바이러스 감염 억제 _ 김치는 바이러스의 성장과 감염을 예방하는 효과가 있어서 사스(SARS, 급성호흡기증후군)나 조류독감을 예방할 수 있을 것으로 추측된다.

항산화(항노화) 효과 및 피부 노화 억제 _ 김치에는 항산화 작용을 하는 비타민 C·베타카로틴·페놀 화합물·클로로필 등이 풍부하여 신체 노화 속도를 늦춘다. 특히 콜라겐 형성 작용이 활발하여 피부가 주름지는 것을 억제한다. 양념으로 사용되는 마늘·생강·파·고춧가루 등도 모두 항산화 효과가 높다. 항산화 효과는 막 담근 김치보다 알맞게 익은 발효 숙성이 잘된 김치가 더 높다.

항동맥경화 _ 김치를 섭취하면 혈청 콜레스테롤의 양이 줄어들고 혈전을 만드는 피브린fibrin을 분해하는 활성이 높아져 동맥경화나 심혈관계 질환을 예방할 수 있다. 농촌진흥청 연구팀의 연구 결과에 의하면 실험용 쥐에게 김치를 먹인 결과, 간의 지방이 10%나 줄어들었다고 한다. 또 혈액 속의 지방을 최고 45%까지 감소시켜 주므로 고지혈증 등의 동맥경화를 예방하는 데도 효과적이다.

배추김치 100g에는 항산화물질인 HDMPPA가 약 1㎎ 함유되어 있으므로 매일 배추김치를 90g씩 먹으면 동맥경화를 예방하는 데 도움이 된다. 김치는 젖산균의 작용에 의해 호박산과 프로피온산이 많이 만들어지는데, 프로피온산은 김치에 골마지가 끼는 것을 막고 콜레스테롤이 합성되는 것을 억제하므로 고혈압을 예방하는 지방산으로도 알려져 있다.

가바GABA 합성 능력 _ 김치의 젖산균이 중추신경계의 억제적 신경전달물질인 가바GABA를 합성할 수 있는 능력이 있다는 사실이 알려졌다. 가바는 첫째, 뇌기능을 향상시키고, 생리학적 노화를 감소시키는 능력이 있다. 둘째, 근육 이완을 도와주고, 스트레스를 감소시켜 피로를 풀어 준다. 셋째, 사람의 성장호르몬 생성을 증가시켜 거의 모든 생리적 기능을 개선하는 데 도움을 준다.

빈혈 예방 _ 김치에 들어가는 젓갈은 칼슘과 철분 등의 무기질이 풍부한 알칼리성 식품으로, 체액을 중화시키는 역할을 한다.

소화 기능 활성화 _ 김치에 풍부한 비타민 A·C 덕분에 위액 분비가 촉진되어 소화 기능이 활성화된다.

변비 및 대장암 예방 _ 김치 발효 과정에서 생성된 젖산 등의 유기산과, 주재료인 채소의 식이섬유가 장의 활동을 활성화하여 배변을 촉진하고 변비를 예방한다. 또한 발암 물질로 전환되는 미생물 효소를 감소시키고, 장내 PH를 낮춰 주어 대장암 발생을 예방한다.

고추의 콜레스테롤 수치 저하 효과 _ 고추의 매운맛을 내는 캅사이신capsaicin은 체내의 당류와 유해 콜레스테롤 수치를 낮추는 등 각종 생활습관병 예방 효과가 있다. 또한 혈액 순환을 활발하게 하여 땀을 나게 하고, 신진대사를 촉진하여 노폐물을 몸 밖으로 배출시킨다. 김치 젖산균은 혈압은 낮추는 작용을 하는 덱스트란을 만들어 낸다. 덱스트란은 잘 발효된 김치나 깍두기의 걸쭉한 국물에 들어 있다.

다이어트 효과(지방 축적 억제 및 축적된 체내 지방 연소) _ 고추의 캅사이신 성분은 신체의 대사 작용을 활성화하여 몸에 지방이 축적되는 것을 막아 준다. 식품 이용 에너지를 높여 기초대사량을 상승시키므로 다이어트 효과가 있는데, 알맞게 숙성된 김치가 다이어트 효과가 가장 크다. 또 백김치보다는 고춧가루를 넣은 김치가 체중 감소 효과가 크다. 양념인 무·마늘·생강·파 등도 다이어트 효과가 크다. 실험 결과에 의하면, 김치 재료를 첨가한 모든 그룹에서 체중 증가량이 감소하였으며, 간과 지방 조직의 무게, 혈장, 간과 지방 조직의 중성 지방, 콜레스테롤 함량도 현저히 낮아졌다고 한다. 특히 마늘과 무의 항비만 효과는 다른 재료에 비해 더 높다.

아토피성피부염 완화 _ 영남대학교 생명공학부 박용하 교수팀(2010)은 김치의 아토피피부염 완화 효과를 밝혔다. '락토바실러스 사케이프로비오 65'라는 김치 젖산균을 2~10세의 아토피성 피부염 환자에게 3개월간 경구 투여한 뒤 혈액 내 면역 조절 물질의 변화를 관찰한 결과 혈액 내에 존재하는 염증성 물질인 케모카인chemokine이 줄어들어 위약군 대비 치료 효율이 2.4배까지 높아졌다.

현대인의 스트레스 완화 _ 스트레스 완화 효과가 있다. 스트레스를 받은 쥐를 두 그룹으로 나누어 한 그룹은 김치 5%를 함유한 먹이를 주고, 다른 그룹은 김치를 주지 않았다. 실험 결과 김치를 준 쥐는 스트레스 호르몬인 코르티코스테론의 혈중 농도가 402.2ng/ml로 김치를 먹이지 않은 쥐(578.1ng/ml)보다 30% 낮았다.

묵은 김치와 신 김치의 차이점

묵은 김치와 신 김치는 다르다. '묵은지[漬]'라고도 하는 묵은 김치는 서서히 오랜 기간 숙성되어 짜지 않고 시어지지 않은 김치이다. 차이점은 다음과 같다.

첫째, 숙성 기간이 다르다. 신 김치는 단기간에 만들 수 있지만 묵은 김치는 1~3년간 항아리나 김칫독에서 숙성해야만 먹을 수 있다.

둘째, 숙성 온도가 다르다. 김치가 가장 맛있게 익는 온도는 5~10℃이다. 이것을 따뜻한 곳에 오래 두거나 시간이 경과하면 신 김치가 되고, 4~5℃ 사이에서 오랜 시간 숙성시키면 묵은 김치가 된다.

셋째, 담그는 방법이 다르다. 김장은 설을 기준으로 염도를 조절한다. 설 이전에 먹을 것은 젓갈과 해물, 소를 넉넉히 넣고, 설이 지난 뒤에 먹을 것은 짭짤하면서도 소를 적게 넣는다. 묵은 김치는 젓갈·소·찹쌀풀을 넣지 않고 양념도 약하게 한다. 간은 소금과 젓갈로 짜게 하고, 고춧가루 정도만 넣는다. 육류나 해물을 넣으면 배추가 물러 오랫동안 저장할 수 없으므로 대부분 김치를 담은 뒤 마지막에 그릇을 닦아 내듯 양념을 제한한다. 군내가 나거나 무르는 것을 예방하기 위해 무를 갈아서 넣는 것도 특징이다.

〈표1〉 일반 김치와 묵은 김치 비교

김치 종류	김장 김치	신김치	묵은 김치
특징	●자생된 각종 미생물의 활동에 의한 놀라운 발효 과학 ●아삭아삭 씹히는 독특한 풍미와 보존성	●젖산균의 성장으로 인한 유기산 분비로 시간이 지날수록 신맛이 강해짐 ●숙성 후 젖산균 발육으로 주정과 당분이 소모되는 과숙 현상에 의해 신맛이 더해지고 산패酸敗됨 ●채소 조직이 무르는 연부軟腐 현상으로 조직감이 나빠짐	●정의 : PH 3.5 정도를 유지한 김치를 겨울철 실온에서 2~3일 숙성시켜 0~-1℃에서 4~5개월간 저장한 김치 ●강한 신맛이 짠맛을 덮어 버리는 마스킹masking 효과로 인해 짜지 않음 ●오랜 발효로 독특한 풍미 생성
영양	●2~7℃에서 20일을 전후로 김치가 맛있는 완숙기에 유기산, 아미노산, 비타민 A·B·C 함량이 처음의 2배로 최고치 ●젖산균, 노화 방지, 항균 작용, 항암 작용 등의 기능성 효과 탁월함	●파·마늘·고추·생강 등 부재료의 항산화 효과가 큼. 적당히 익은 김치일수록 효과가 뛰어남(PH 4.2). ●영양가가 2배까지 이르다 급격히 감소 ●갓 담근 김치는 비타민 C 함량이 100g당 20㎎에서 30주 뒤에 17㎎으로 감소	●영양·젖산균·노화 방지·항균·항암 효과는 잘 숙성된 김치보다 낮음 ●여름 김치는 담은 지 1주일이 지나면 비타민이 거의 파괴되지만 김장 김치는 이듬해 봄까지 보존되는 편
맛	●발효맛(유기산의 신맛과 약간의 단맛)	●신맛	●감칠맛(호박산은 쓴맛을 내나 경우에 따라 맛을 돋우는 성분으로 전환됨. 프로피온산은 맛과 냄새를 향상시킴)
저장 온도 기간	●0~5℃의 김치 냉장고에서 4~5개월 저장 ●0~5℃의 냉장고에서 약 3개월 저장	●5~10℃의 따뜻한 곳	●4~5℃
숙성 기간	●15~20일. pH 4.2~4.3	●수 주일	●1~3년
숙성 온도	●2~7℃	●2~7℃에서 숙성 후 실온 보관, 담근 지 몇 주 경과	●4~5℃에서 오랫동안 저장
담그는 법	●포기 배추에 젓갈·찹쌀풀·양념을 넣어 담금	●일반적인 김치 담그는 방법과 같음	●무채·소·젓갈·액젓·찹쌀풀을 넣지 않고 담금
소금 농도	●15~20일. pH 4.2~3 / 2~7℃	●일반적인 김치 담그는 방법과 같음	●4% 이상은 발효 억제

김치의 종류

재료별 김치

김치의 대표적인 주재료는 배추이다. 조선시대 선조 2년《성소복부고惺所覆瓿藁》(1569, 허균 편간)의《도문대작屠門大嚼》에 채소류 재배법이 수록되어 있는데, 배추를 '숭菘', '백채白菜'라고 기록하고 있다. 그 최초의 기록 이후 배추는 가장 중요한 김치의 재료가 되었다.

김치는 주재료로 무엇을 사용하는가에 따라 분류할 수 있다. 일반적으로 배추·무·오이·총각무·파 등을 많이 사용하지만 그 밖의 재료들도 다양하게 활용한다. 우리나라에서 재료에 따라 담그는 김치의 종류를 열거하면 다음과 같다.

배추김치 33종, 무김치 38종, 열무김치 3종, 총각무김치 3종, 오이김치 7종, 파김치 6종, 해조류김치 3종, 어패류 및 육류김치 10종, 기타 재료로 담근 김치 84종으로 총 187종이다.

조리법에 따라 크게 김치류, 깍두기류, 동치미류, 물김치류, 섞박지류, 보쌈김치류, 소박이류, 겉절이류, 생채류, 식해류 등으로 나눈다.

<표2> 주재료별 김치의 분류

주재료	종류	이름
배추(33종)	김치류(20종)	배추통김치 / 백김치 / 배추막김치(젓국지) / 평양배추김치 / 전라반지 / 경종배추김치 / 제주배추김치 / 갈치젓배추김치 / 유자배추김치 / 석류김치(무, 배추) / 장김치 / 숙김치 / 풋김치 / 햇배추김치 / 풋배추김치 / 속음배추김치 / 연배추김치 / 해물김치 / 수삼김치 / 배추쌈석류김치
	보쌈김치류(4종)	보쌈김치(보김치) / 백보쌈김치 / 양배추보쌈김치 / 배추쌈비늘김치
	섞박지류(9종)	배추섞박지 / 멸치섞박지 / 순무섞박지 / 명태섞박지 / 갈치젓섞박지 / 동과섞박지 / 대구섞박지 / 낙지섞박지 / 고춧잎섞박지
무(38종)	깍두기류(14종)	무깍두기(소깍두기) / 무송송이 / 백깍두기 / 굴깍두기 / 숙깍두기 / 무청깍두기 / 창란젓깍두기 / 햇깍두기 / 달래깍두기 / 겨자깍두기 / 곤쟁이젓깍두기 / 채깍두기 / 알무깍두기 / 부추깍두기
	동치미류(5종)	동치미 / 총각무동치미 / 햇무동치미 / 무청동치미 / 궁중식동치미
	나박김치류(6종)	나박김치 / 수삼나박김치 / 묘삼나박김치 / 양배추나박김치 / 오미자나박김치 / 오이나박김치
	채김치류(3종)	오징어채김치 / 무채김치 / 오이무채생채김치
	기타(10종)	감동젓국지 / 비늘김치 / 멸치젓국지 / 골곰짠지 / 무짠지 / 호박김치 / 비지미 / 무청소박이 / 무청젓버무리 / 무청짠지
열무(3종)	열무김치류(3종)	열무김치 / 얼갈이열무김치 / 애호박열무김치
총각무(3종)	총각김치류(3종)	총각김치 / 총각무동치미 / 전어통무김치
오이(7종)	오이김치류(7종)	오이소박이 / 오이송송이 / 오이깍두기 / 오이지 / 오이김치 / 배추말이오이소박이 / 오이비늘김치
파(6종)	파김치류(6종)	실파김치 / 쪽파김치 / 오징어파김치 / 통대파김치 / 마늘잎김치 / 전라도파김치
해조류(3종)	해조류김치(3종)	파래김치 / 미역김치 / 청각김치 / 톳김치
어패류·육류(10종)	어패류(7종)	굴김치 / 꽁치김치 / 한치김치 / 대구김치 / 북어김치 / 오징어김치 / 전복김치
	육류김치류(3종)	닭김치 / 꿩김치 / 제육김치
기타(84)	일반김치류(28종)	양배추김치 / 부추김치 / 갓김치 / 돌산갓김치 / 고들빼기김치 / 상추김치 / 쑥갓김치 / 풋마늘김치 / 도라지김치 / 돌나물김치 / 우엉김치 / 시금치김치 / 깻잎김치 / 콩잎김치 / 고춧잎김치 / 고구마줄기김치 / 고수김치 / 미나리김치 / 가지김치 / 호박김치 / 냉이김치 / 콩나물김치 / 죽순김치 / 달래김치 / 메밀순김치 / 상추불뚝김치 / 취나물김치 / 참나물김치
	물김치류(23종)	나박김치 / 열무물김치 / 알타리무물김치 / 배추물김치 / 돌나물김치 / 더덕물김치 / 수삼물김치 / 오이물김치 / 짠지무물김치 / 열무연배추김치 / 미나리물김치 / 전복물김치 / 죽순물김치 / 박김치 / 열무인삼물김치 / 고구마순물김치 / 가지물김치 / 연배추물김치 / 콩나물물김치 / 열무오이물김치 / 양배추물김치 / 배추물김치 / 전복물김치
	소박이류(12종)	고추소박이 / 당근소박이 / 총각무소박이 / 가지소박이 / 토마토소박이 / 배추쌈오이소박이 / 통오징어소박이 / 더덕소박이 / 통대구소박이 / 빨간무소박이 / 갓소박이 / 무청소박이
	겉절이류(11종)	배추겉절이 / 양배추겉절이 / 열무겉절이 / 상추겉절이 / 실파겉절이 / 부추겉절이 / 연배추겉절이 / 속음배추겉절이 / 섞박겉절이 / 양파겉절이 / 깻잎겉절이
	생채류(7종)	도라지생채 / 노각생채 / 파생채 / 오이생채 / 오징어생채 / 더덕생채 / 무생채
	식해류(3종)	가자미식해 / 오징어식해 / 마른고기식해

계절별 김치

사계절이 뚜렷한 우리나라는 계절에 따라 생산되는 채소류와 나물이 다르다. 그 덕분에 김치도 계절마다 다르게 발달했다.

봄에 담그는 김치는 연한 나물이나 채소를 재료로 하여 굳이 발효시키거나 저장하지 않고 담근 즉시 먹을 수 있다. 달래김치·돌나물김치·얼갈이김치·미나리김치 등은 겨울을 잊게 하는 산뜻한 맛이 특징이다.

무더운 여름철에는 몸을 시원하게 해 주는 성질을 가진 채소가 생산된다. 열무김치·열무물김치·부추김치·오이소박이·양배추김치 등은 아삭아삭 씹는 맛과 시원한 맛이 특징이다.

가을철에는 고들빼기김치·가지김치·총각김치·깻잎김치 등이 있다.

늦가을과 겨울에는 저장 위주의 김장 김치인 섞박지·통배추김치·보쌈김치·깍두기·통무김치·백김치·동치미·총각김치·호박지 등이 있다.

〈표3〉 계절별 김치의 분류

지역 계절	봄	여름	가을·겨울
전국	나박김치 / 봄배추김치 / 솎음배추김치 / 돌나물김치 / 파김치 / 시금치김치 / 봄갓김치 / 얼갈이김치 / 미나리김치	열무김치 / 배추겉절이 / 오이소박이 / 연배추통김치 / 열무물김치 / 부추김치 / 양배추김치	통배추김치 / 섞박지 / 동치미 / 보쌈김치 / 깍두기 / 가지김치 / 총각김치 / 파김치 / 고춧잎김치 / 가을갓김치 / 콩잎김치 / 깻잎김치 /
서울 경기도	순무김치 / 씀바귀김치	무채김치 / 애호박열무김치 / 고추소박이 / 짠지무물김치	백김치 / 장김치
충청도	돌나물김치 / 돌나물물김치 / 더덕김치	가지김치 / 더덕김치 / 양파김치	고춧잎김치 / 갓김치 / 갓생채
강원도	참나물김치 / 북어배추김치	해초김치 / 오징어김치	배추해물김치 / 해물깍두기 / 서거리김치 / 산갓김치
경상도	돌나물국물김치 / 씀바귀김치 / 미나리김치	미나리김치 / 고수김치	골곰짠지 / 콩잎김치 / 속새김치 / 고춧잎김치 / 우엉김치
전라도	두릅김치 / 미나리김치 / 상추불뚝김치	죽순물김치 / 고구마순김치 / 들깻잎김치 / 콩밭열무김치 / 열무물김치 / 부추김치	고들빼기김치 / 갓김치 / 우엉김치 / 배추김장김치 / 동치미 / 굴깍두기 / 홍어배추김치 / 돌산갓김치

지역별 김치

우리나라는 지형적으로 긴 산맥이 줄을 잇고 큰 강줄기가 흐르며, 삼면이 바다로 둘러싸인 까닭에 동서남북의 기후 풍토가 다르다. 지역에 따라 생산되는 농산물과 해산물이 다르고, 생활 풍습도 조금씩 차이가 난다. 그래서 재료와 담그는 법, 저장법 등에 의해 김치의 맛도 저마다 다르다. 특히 소금 사용량이나 젓갈의 종류와 분량, 사용하는 고추 형태와 분량, 부재료의 종류 등에 따라 같은 재료라 해도 지방의 특색이 깃들인 향토 별미 김치가 된다.

김치의 지역적 특징은 소금 사용량에 따라 달라진다. 이북 지방은 기온이 낮아 소금 간을 싱겁게 하고 양념을 적게 넣어 맛이 담백하며 국물이 넉넉하고 맑은 것이 특징이다. 반면 영호남 지역의 김치는 소금과 젓국을 많이 사용하여 짠맛이 나는 것이 특징이다. 양념으로는 마늘·고춧가루·생강 등을 많이 쓰고, 찹쌀풀을 섞어 담그기 때문에 발효할 때 나는 군내가 사라져 맛이 좋다.

김치의 지역성을 나타내는 두 번째 요소는 젓갈이다. 북쪽 지방에서는 조기젓·새우젓을 많이 쓰고, 중부 지방에서는 새우젓·조기젓·황석어젓을 많이 쓰며, 영호남 지방에서는 멸치젓이나 갈치속젓을 주로 쓴다.

지금은 유통 기술의 발달로 각 지방의 향토 김치를 쉽게 맛볼 수 있을 뿐만 아니라 조리법까지 쉽게 배울 수 있다. 오랜 세월 자연환경과 풍속의 영향을 받은 향토 김치의 차별화된 맛이 점차 도시화된 입맛에 맞추어 평준화되지 않을까 한편으로는 염려가 되기도 한다.

서울·경기

서울은 오랜 세월 동안 정치·문화의 중심지였으며, 오늘날도 수도로 자리매김하고 있다. 조선의 도읍지였던 까닭에 궁중에서 많이 먹던 김치가 발달했다.

경기도는 지리적으로 중간에 위치해서인지 김치 역시 싱겁지도 짜지도 않은 중간 맛을 낸다. 서해의 풍부한 해산물과 동해 산간 지방의 산채, 곡식이 어우러져 김치의 맛과 종류도 매우 다양하다. 새우젓·황석어젓·조기젓 등 비린내가 적고 담백한 젓갈을 주로 사용한다.

서울·경기 대표 김치
섞박지 보쌈김치
장김치 깍두기

강원도

강원도 대표 김치
무청김치 더덕김치
오징어석박지 해물김치

산간과 해안으로 나뉘어 있는 강원도는 소박하면서도 먹음직스러운 김치가 많다. 배추김치는 감칠맛을 내기 위해 새우젓 국물과 멸치젓 국물로 살짝 절인다. 소로는 생오징어를 채 썰어 넣거나 반건조한 것을 잘게 썰어 생태에 버무려 배추 사이에 켜켜이 넣어 시원한 맛을 내기도 한다.

충청도

충청도 대표 김치
열무김치 시금치김치
호박김치 통무소박이

양념을 적게 넣어 간이 중간 정도이고 소박하다. 부재료로는 갓·파·청각·미나리·삭힌 풋고추 등을 이용한다. 김치를 흔히 '짠지'라고 하는데, 배추로 담은 것은 배추짠지, 무로 담은 것은 무짠지다. 짠지는 큰 통에 재료와 소금을 번갈아 가며 켜켜이 넣어 만든다. 열무짠지는 주로 여름철에 담가 먹는데, 열무를 소금에 절여 풋고추나 홍고추, 실파를 넣고 버무려 항아리에 담아 찹쌀풀을 넉넉히 쑤어 부은 뒤 익혀 먹는다.

경상도

경상도 대표 김치
부추김치 콩잎김치
우엉김치 무말랭이김치

고춧가루와 마늘을 많이 사용여 맛이 상당히 매운 편이다. 특히 젓갈을 많이 사용하는데, 그중에서도 멸치젓이 유명하다. 이는 김치가 부패되거나 지방 성분이 산패되는 것을 막기 위해서이다. 날씨가 따뜻하기 때문에 소금을 많이 사용하며 생강을 적게 넣는다. 흔히 액젓이라고 부르는 것을 경상도 지역에서는 '멸장'이나 '어자이'라고 하여 모든 음식에 간장처럼 쓰기도 한다.

전라도

전라도 대표 김치
고들빼기김치
돌산갓김치 토하젓김치
나주동치미 해남갓김치

기후가 온난하고 해산물이 풍부하여 젓갈을 많이 넣으므로 짠맛이 진하며 맛이 맵다. 특히 고추를 분쇄기에 넣어 걸쭉하게 갈아 여기에 젓갈을 듬뿍 넣어 고추 양념을 만들어 사용한다. 조기젓이나 새우젓도 쓰지만 멸치젓을 많이 사용하는 편이다.

제주도

기후가 따뜻해서 김장이 따로 필요 없기 때문에 오래 먹을 만큼 김치를 많이 담그지 않는다. 해안 지방인 까닭에 양념이 귀해서 만드는 방법이 간단하고 양념을 적게 쓰는 편이다. 제주도 김치는 양념 맛보다 재료의 참맛이 우러나오는 것이 특징이다. 해물이 많이 들어가고, 국물을 넉넉하게 부어 담그는 김치가 많다. 동지김치가 유명한데, 음력 정월에 밭에 남아 월동한 배추로 담근다.

제주도 대표 김치
해물김치 전복김치
게쌈김치 귤물김치

황해도

서울과 경기도, 충청도의 서해안에 접해 있고, 기후 차이도 크지 않아 김치 맛이 서로 비슷한데, 고수와 분디(산초)를 써서 김치를 담는 것이 특징이다. 그래서 '배추김치에는 고수가 좋고, 호박김치에는 분디가 제일'이라는 말이 있기도 하다. 대표격인 동치미는 새우젓이나 조기젓 또는 맛국물을 이용해 김치국물을 부어 익히는데, 동치미국물에 메밀국수를 말아 먹는 맛은 일품이다.

황해도 대표 김치
조개젓배추김치 호박지
고수김치 감김치

평안도

평안도는 북쪽에 위치하여 날씨가 춥기 때문에 김치가 쉽게 발효되지 않는다. 그래서 간이 대체로 싱거운 편이고 국물이 많다. 젓갈은 조기젓이나 새우젓을 사용하고, 김칫소는 적게 넣으며, 고춧가루를 많이 넣지 않는다. 국물은 기름을 걷어 낸 소고기 육수에 소금을 넣어 삼삼하게 간을 맞추어 붓기 때문에 맛이 시원하고 감칠맛이 있어 냉면 국물로 많이 쓰인다.

평안도 대표 김치
동치미 무청김치
꿩김치 총각무김치
알양파깍두기

함경도

함경도는 동해안에 접해 있어서 김칫소에 젓갈 대신 생태나 굴, 생가자미 등의 해물을 많이 썰어 넣는 것이 특징이다. 맛이 맵거나 짜지 않아 담백하고, 장식 또한 많이 하지 않으므로 음식 모양이 단정하다. 고추나 마늘 등의 양념을 많이 넣으므로 숙성되면 톡 쏘면서 시원한 국물 맛이 나며, 시큼한 자극적인 맛을 즐기는 경향이 있다.

함경도 대표 김치
가자미식해 대구깍두기
동태식해 쪽파젓김치

〈표4〉 지역별 김치 분류

지역	김치
서울	배추통김치 / 통배추백김치 / 백김치 / 총각김치 / 보쌈김치 / 장김치 / 나박김치 / 오이소박이 / 섞박지 / 무청깍두기 / 굴깍두기 / 열무김치 / 짠지무물김치 / 동치미
경기도	개성보쌈김치 / 총각김치 / 동치미 / 숙김치 / 백김치 / 무비늘김치 / 오이비늘김치 / 순무김치 / 꿩김치 / 무채김치 / 순무섞박지 / 열무김치 / 순무짠지 / 파김치 / 용인외지 / 씀바귀김치
충청도	배추무김치 / 쪽파김치 / 총각무김치 / 가지김치 / 깻잎김치 / 배추짠지 / 무짠지 / 오이지 / 새우젓깍두기 / 비늘김치 / 열무김치 / 열무물김치 / 갓김치 / 돌나물김치 / 돌나물물김치 / 고춧잎김치 / 배추고갱이김치 / 양파김치 / 시금치김치 / 더덕김치
강원도	배추해물김치 / 북어배추김치 / 해물깍두기 / 새치김치(이면수어를 썰어 넣은 것) / 꽁치젓김치 / 아가미깍두기 / 대구깍두기 / 창란젓김치 / 북어무김치 / 산갓김치 / 가자미무식해 / 오징어김치 / 무청김치 / 해초김치 / 참나물김치
경상도	배추김치 / 동치미 / 파김치 / 쪽파김치 / 멸치섞박지 / 골곰짠지 / 콩잎김치(콩잎쌈김치) / 콩밭열무김치 / 전복김치 / 속세김치 / 우엉김치 / 부추김치 / 풋고추젓김치 / 돌나물국물김치 / 도라지김치 / 고구마줄기김치 생멸치배추김치 / 고춧잎김치 / 씀바귀김치 / 미나리김치 / 들깻잎김치 / 갓김치 / 박김치 / 모젓깍두기 / 고수겉절이
전라도	배추김장김치 / 고들빼기김치 / 돌산갓김치 / 갓김치 / 총각김치 / 두릅김치 / 파김치 / 굴깍두기 / 동치미 죽순물김치 / 어리김치 / 고구마순김치 / 쪽파김치 / 홍어배추김치 / 양파김치 / 홍갓김치 / 미나리김치 / 부추김치 / 콩밭열무김치 / 상추불뚝김치
제주도	동치미배추김치 / 꽃대김치 / 톳김치 / 총각김치 / 실파김치 / 청각김치 / 솎음배추김치 / 유채김치 / 퍼데기김치 / 동지김치
황해도	배추김치 / 호박김치 / 감동젓섞박지 / 고수김치, 보쌈김치 / 동치미나박김치 / 풋김치 / 갓김치 / 풋고추김치 / 파김치 / 감김치
평안도	통배추무김치 / 동치미 / 백김치 / 나박김치 / 지름섞박지 / 애호박열무김치 / 나복동치미 / 가지짠지 / 평양백김치
함경도	배추가자미김치 / 무말랭이김치 / 콩나물김치 / 산갓김치 / 채칼김치 / 무청김치 / 쑥갓김치 / 대구깍두기 / 가두배추보쌈김치 / 명태섞박지 / 갓짠지

<표5> 지역별 김치 맛 비교

지역＼계절	단맛	신맛	짠맛	쓴맛	매운맛	감칠맛	시원한 맛	아삭한 맛	발효미 재료의 특징
서울	3.00	2.70	2.00	1.50	2.25	2.60	3.35	3.45	새우젓·멸치젓·황석어젓·생새우·굴 등 총 6가지 재료 사용
경기도	2.65	2.95	2.30	1.90	2.75	2.45	2.65	3.05	
강원도	2.50	2.50	2.50	2.30	2.50	2.80	2.55	3.25	명태를 토막 내어 몸통을 김치 속에 넣고 대가리는 무와 섞어 김칫독 바닥에 깔고 김치를 켜켜이 쌓는다.
충청북도	2.45	2.65	3.00	2.25	3.05	2.65	2.35	2.80	
충청남도	2.60	2.95	2.60	2.05	3.15	2.60	3.05	3.30	파의 일종인 돼지파 사용
경상북도	2.10	2.55	3.10	3.15	2.85	2.45	2.35	3.10	홍시 사용
경상남도	1.95	2.35	3.35	3.00	3.20	2.2	2.25	2.95	청각 사용
전라북도	2.40	2.50	2.95	2.10	3.05	2.95	2.90	3.10	청각 사용
전라남도	2.70	2.50	3.10	2.30	3.15	3.30	2.55	3.20	청각 사용
제주도	2.05	1.95	2.75	2.65	2.75	2.20	1.90	2.85	찹쌀풀 대신 보리쌀 삶은 물을, 젓갈 대신 멸치젓 끓인 물 또는 갈치속젓을 사용한다.

- 사용 재료 : 평균 3.0kg의 강원도 정선 산 동일 품종 배추 1포기. 소금물에 10시간 절여 10% 염도로 만듦
- 부재료(양념) : 부재료는 각각 자신의 지역에서 사용하는 것
- 숙성 : 김치냉장고에서 15℃로 20일 숙성
- 김치 제조자 : 북한을 제외한 전국도별 김치 장인 10명. 나이 평균 52세, 김치 담그기 경력 30.7년
- 맛 평가자 음식 전문가 10인 : 강지영(레스토랑 컨설턴트), 김수진(한류한국음식문화연구원장), 김정숙(광주김치아카데미원장), 박기범(위니아만도 김치연구소 주임연구원), 서상호(서울신라호텔 총주방장), 이유화(레스토랑가이드 다이어리알 발행인), 이명기(한국식품연구원 발효기능연구단장), 이승훈(와인소믈리에, 레스토랑 비나포 대표), 이하연(대한민국김치협회 부회장), 전종인(위니아만도 김치연구소장)
- 점수 : 0~5점으로 각각의 맛 항목을 수치화
- 자료 : 위니아만도 김치연구소 / 조선일보 2012년 11월 14일자 기사

<표6> 지역별 김치의 젖산과 염도 비교

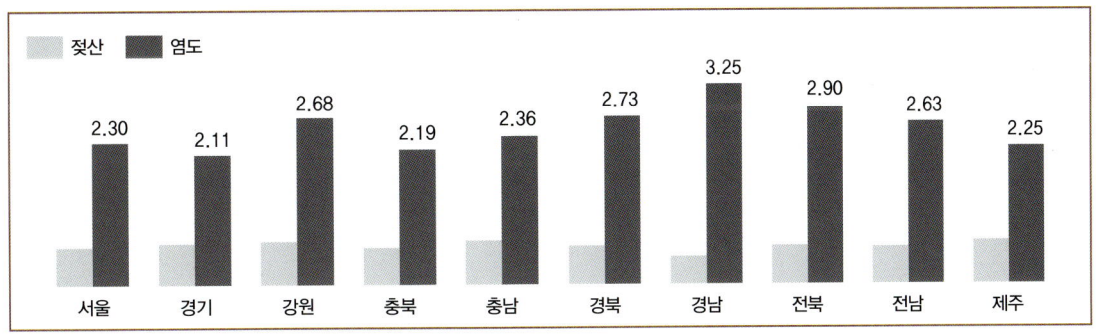

특수 김치

궁중 김치

왕권 중심이었던 우리나라 음식 문화의 결정체는 궁중 음식이라 할 수 있다. 궁중 음식은 각 고을에서 들어오는 진상품으로 조리 기술이 뛰어난 주방 상궁과 대령숙수들의 손에서 최고의 솜씨로 조리되어 전승되어 왔다. 따라서 궁중 음식은 식품의 배합이나 양념을 쓰는 방법이 매우 과학적이고 합리적이다.

조선시대 수라상은 임금이 평소에 받는 반상으로, 김치는 젓국지(배추김치)와 송송이(깍두기), 국물김치 세 가지가 오른다. 침채 가운데 고춧가루 등 매운 양념을 뺀 것은 '담침채淡沈菜'라 하였는데, 재료로는 배추·무·미나리·만청(순무)·오이·유자·배 등이 많이 이용되었다. 담그는 법은 서울의 보통 김치와 크게 다르지 않지만 최고의 재료와 연마된 조리 기술로 담갔다.

궁중에서 쓸 김칫거리는 일찍부터 방아다리(지금의 연지동) 배추밭을 국가용 밭으로 지정하여 썼다. 이곳은 토질도 좋고 배추의 품종이나 재배법이 달라 속이 꽉 차고 희며, 힘줄이 적고 감칠맛이 났다. 또 좋은 배추를 재배하기 위해 많은 정성을 쏟았다.

수라상에 올리는 김치는 고갱이나 겉잎이 아닌 깨끗한 속대만으로 담근 섞박지나 보김치였다. 궁중의 섞박지는 무와 배추를 썰어서 담근 김치인데, 모양이 바른 것만 이용해 담고, 나머지는 허드렛김치로 담가 궁인들이 먹었다고 한다.

동치미는 보통 소금과 무, 물이 기본이지만 궁중에서는 당시 민가에서는 보기 어려운 유자를 넣어 독특한 맛을 냈다. 궁중 김치는 화려할 뿐만 아니라 재료와 정성이 많이 들어간다. 무에 바둑판 모양으로 칼집을 내어 소를 채워 숙성시킨 석류김치, 소금 대신 진간장으로 담그는 장김치, 각종 해물을 넣고 감동젓을 넣어 담근 감동젓무김치, 유자동치미 등이 대표적이다. 고종 임금은 겨울철 야참으로 동치미국물에 육수를 섞어 냉면을 즐겼다고 한다. 이를 위해 배를 많이 넣어 담근 냉면용 국물김치를 따로 담갔을 정도라고 한다.

옛날부터 궁중에서는 풍미 강화를 목적으로 대추·밤·배·잣·호두·유자·석류 등을 곁들인 별미 김치를 개발하였을 뿐만 아니라 미학적 개념을 살려 표고·석이·실고추 등의 고명을 많이 넣기도 했다.

제사 김치

조선의 기본 사상은 유교儒敎로, 효孝와 충忠, 관례冠禮·혼례婚禮·상례喪禮·제례祭禮의 사례四禮를 중요시했다. 출생에서 죽음에 이르기까지 변화의 고비에 치르는 통과 의례에는 규범화된 의식이 있고, 의례의 의미를 상징하는 특별한 의례 음식이 있다. 일반적으로 의례 음식은 식사를 하기 위한 음식이라기보다는 상징적인 의미가 더 중요하다.

제사 김치의 문헌상 기록은 《고려사》〈예지〉의 '원구진설조圓丘陳設條'와 《세종실록》〈오례조五禮條〉 등에도 나타난다. 제례는 '가가례家家禮'라 하여 관습과 풍속, 가문에 따라 제물과 진설법이 다르다. 제사상도 조상에게 올리는 상으로, 단순히 귀신에게 올리는 것이 아니라 마치 조상을 살아 있는 분으로 인식한 상차림을 행한다. 제기도 보통 그릇과 달리 굽이 높고, 음식 재료는 작게 썰지 않고 통으로 하며 양념도 진하게 하지 않는다.

김치는 신위를 기준으로 앞에서 제3열 또는 제4열에 놓는다. 진설 방법에 '생동숙서生東熟西'라는 말을 따라 김치 같은 생물은 동쪽에 놓고, 익혀서 만든 나물은 서쪽에 놓는다. 제사 김치는 발효되지 않은 날것으로 놓으며 국물이 없게 담는다. 놓는 방법은, 배추김치의 경우 어른의 진짓상에서와 마찬가지로 통배추를 썰어 중간 부분을 세워 제기에 올리는데, 나박김치는 건더기만 건져 제기에 감는다. 김치를 담글 때는 2색 또는 3색으로 하고 파와 마늘은 쓰지 않는다.

사찰 김치

불교에서 허용하는 승려 음식, 즉 사찰 음식은 약 2천 년이 넘는 불교의 '오계五戒' 가운데 첫째인 '불살생계不殺生戒', 즉 '생명이 있는 것을 해치지 말라'에 바탕을 두고 있다. 그래서 우유를 제외한 동물성 식품을 일체 사용하지 않았다.

또한 파·마늘·달래·부추·흥거의 이른바 오신채五辛菜는 음욕淫慾과 분노를 유발한다고 하여 금기 식품으로 삼았다. 오신채를 날로 먹으면 성내는 마음이 생기고, 익혀 먹으면 마음을 들뜨게 해서 수행을 방해한다고 생각했기 때문이다.

사찰의 음식 특성상 김치도 담백한 맛이 특징이다. 자극적인 채소와 양념을 사용하지 않고, 생명을 죽여서 만든 젓국이나 생선류도 넣지 않는다. 일반적으로 사용하는 양념을 금기시하다 보니 각종 산나물과 들나물 등을 주재료로 이용하는 것도 특징이다. 또한 양념류에서는 채소의 풋냄새를 제거하고 재료가 잘 섞이도록 호박죽이나 보리죽, 밀가루죽·찹쌀풀·감자 삶은 물 등을 넣는다. 동물성 식품인 젓갈 대신 잣·들깨·땅콩 등의 즙을 넣어 영양을 보완하고, 담백한 맛과 함께 특유의 시원함과 감칠맛을 즐긴다. 양념으로는 소금이나 간장·고춧가루·생강만이 이용되는데, 산초를 넣는 경우도 있다. 생김치는 성내는 마음을 일으킨다고 여겨거 주로 발효시켜 먹는다.

예부터 금강산 유점사, 묘향산 보천사, 해남 대둔사 등의 동치미는 국물의 톡 쏘는 청량감이 청량음료 같은 맛을 내는 것으로 유명했다고 한다.

조선시대 이후 조계종으로 자리 잡은 우리나라의 사찰에서는 아직도 주로 담가 먹는 김치의 전통이 전해지고 있다.

〈표7〉 지역별 김치 분류

지역		김치
서울 경기	봉은사	깍두기
	신륵사	연근김치 / 연근물김치 / 돌나물김치 / 엉개겉절이 / 장다리겉절이
	용주사	들깻잎장아찌 / 두부소박이
강원도	상원사·신흥사	취나물김치 / 참나물김치
충청도	개운사	머위김치 / 돌나물김치
경상도	범어사	씀바귀김치
	의곡사	우엉김치
	통도사	갓죽김치
	해인사	상추불뚝김치 / 우엉김치 / 고수무침 / 한해물김치 / 가지장아찌 / 생표고장아찌
전라도	금산사	고들빼기김치 / 돌미나리김치
	대흥사	머위겉절이 / 동치미 / 도라지생채 / 더덕장아찌
	송광사	연근물김치 / 죽순김치
	향일암	돌산갓김치 / 고구마순김치
	화엄사	취나물겉절이 / 죽순장아찌
	흥국사	민들레잎김치 / 씀바귀겉절이 / 찔레순겉절이 / 돌산갓김치 / 산초장아찌 / 고춧잎장아찌
기타		엄나무순김치 / 두릅물김치 / 생두릅김치 / 돌나물물김치 / 고수김치 / 콩잎김치 / 보쌈김치 / 깍두기 / 깻잎김치 / 고들빼기김치 / 오이소박이 / 백김치 / 고춧잎섞박지 / 과일김치

제2장

김치 재료와 손질법
양념

주재료 고르기와 손질하기

김치를 맛있게 담가 두고 오랫동안 먹으려면 재료 선택에 공을 들여야 한다.
맑고 깨끗한 자연환경에서 자란 재료는 맛도 좋고 저장성도 좋다.

배추

배추는 김장에서 가장 중요한 기본 재료로서 가장 신경 써서 골라야 한다. 크기는 중간 정도로, 들어 보아 묵직하고 속이 꽉 찬 것이 좋다. 잎은 얇고 연녹색을 띠며, 줄기는 흰 부분을 눌렀을 때 단단한 것이 수분도 많고 싱싱하다. 겉잎에 검은 반점이 있는 것은 속까지 벌레 먹었을 확률이 높으므로 피하는 것이 좋다.

배추는 가운데 부분을 잘라 혀에 댔을 때 단맛이 나는 것을 골라야 한다. 또한 잎은 달고 고소하며 배추 속이 연하고 흰색을 띠는 것이 좋다.

배추를 다듬을 때는 밑동에 배추 길이의 1/3 정도까지 칼집을 내어 양손으로 벌려 쪼개야 배춧잎이 부서지지 않는다. 김치를 담그기 전에 2~3회 정도 씻어 소금에 절였다가 다시 씻어야 잎이 덜 상하고 풋내가 나지 않는다. 흐르는 물에 3~4회 정도 씻으면 기생충 알이나 농약도 씻겨 내려간다.

무

몸매가 매끈하고 윤기가 나며 싱싱한 무청이 달려 있는 것을 고른다. 진흙에서 자란 것이 맛있다. 무 전체가 흰 것과 무청 달린 부분이 푸른 것이 있는데, 푸른 부분이 많을수록 단맛이 강하다.

무를 고를 때 바람 들지 않은 무를 고르려면 두드려서 꽉 찬 소리가 나고 들어 보았을 때 묵직한 것을 선택한다.

무채는 세로로 길게 채 썰면 섬유소가 남아 소화에 좋지 않으므로 둥근 모양대로 토막 내어 채 썬다. 무채를 하루 전쯤 미리 썰어 두면 쓴맛이 생기므로 필요할 때 썰어서 사용한다.

총각무(알타리무)

무가 작고 단단하며 무청이 싱싱한 것이 좋다. 무 모양은 둥글고 무청 부분이 넓게 퍼진 것이 연하고 맛있으며, 무청 또한 지나치게 굵은 것보다 연한 것이 맛이 훨씬 좋다. 껍질을 벗기면 무가 쉽게 무르므로 겉에 묻은 흙을 수세미로 문질러 씻어 사용한다.

열무

뿌리는 작고 가늘지만 줄기가 굵고 잎이 푸르며 싱싱한 것을 고른다. 뿌리는 잘라 내지 말고 끝만 약간 다듬어 잔털을 긁어 낸 다음 뿌리와 잎사귀가 연결된 부위의 지저분한 것을 정리한다.

갓

갓은 줄기가 길고 연하며 잎이 부드럽고 윤기 나는 것이 싱싱하다. 색이 진하고 솜털이 까슬까슬한 것이 냄새도 좋고 맛도 좋다. 거친 겉잎을 떼어 내고 뿌리 부분을 잘라 절이면 된다. 지나치게 흔들어 씻거나 치대서 버무리면 풋내가 나므로 주의해야 한다.

쪽파

전체 길이가 짧고 푸른 잎이 쪽 고르고 광택이 있는 것, 머리 부분이 통통하고 둥글며 부드러운 재래종이 맛도 있고 무르지 않는다. 김치 담글 때는 진액이 많은 대파보다 쪽파가 더 많이 쓰인다. 쪽파는 가지런히 모아 한 번에 지저분한 뿌리를 잘라 내고 다듬어야 손쉽다. 흐르는 물에 깨끗이 씻어 사용한다.

양파

단단하고 껍질이 마르지 않았으며 매끄럽고 윤기가 나는 것을 고른다. 속은 선명한 흰색을 띤 것이 좋다. 공처럼 둥근 것이 맛도 좋고 보관하기에도 좋다. 시원하고 달콤한 맛이 나지만 물이 많이 생기고 배추를 쉽게 무르게 하므로 조금만 넣는 것이 좋다. 김장처럼 오래 저장해 두고 먹는 김치에는 넣지 않는 것이 좋다.

부추

부추는 잎이 파랗고 선명한 것으로 단의 속까지 무르지 않고 싱싱한 것을 고른다. 지나치게 크거나 억세지 않은 것이 좋으므로, 잎이 둥글고 가늘며 작은 것을 고른다. 재래종과 개량종이 있는데, 재래종은 잎이 짧고 통통하며 맛이 훨씬 좋다. 금방 시들기 때문에 구입한 즉시 요리하는 것이 좋으며, 가능하면 남기지 말고 한꺼번에 사용해야 한다. 조리 직전에 씻어야 그나마 오래 보관할 수 있다.

오이
오이는 작을수록 영양가가 많고 먹기도 좋다. 곧게 뻗은 것을 고르되, 껍질에 돋은 가시가 날카롭고 윤기가 나는 것이 싱싱하다. 상처가 없고 꽃이 붙어 있는 것이 좋다. 소금으로 문질러 씻으면 색깔이 선명하고 깨끗해진다. 꼭지 부분은 쓴맛이 나므로 잘라 버리고 이용한다.

가지
표면이 탱탱하고 꼭지가 마르지 않았으며 꼭지 부분의 가시가 날카로운 것이 싱싱하다. 짙은 보라색을 띠고 흠집이 없으며, 윤기가 나는 것을 고른다. 몸집이 지나치게 둥근 것보다는 적당히 날씬한 것이 연하고 맛이 좋다.

당근
선명한 주황색을 띠고 껍질이 매끌매끌하며 손으로 잡았을 때 묵직한 느낌이 드는 것이 좋다. 지나치게 큰 것은 섬유질이 질겨 씹는 데 불편하므로 피한다. 겉에 흙이 묻어 있는 것이 신선하고 맛도 좋다. 당근에는 비타민 C를 파괴하는 아스코르비나제ascorbinase 효소가 들어 있으므로 다른 생채소와 함께 먹지 않는 것이 좋다.

풋고추
고추를 고를 때는 빛깔이 곱고 윤기가 흐르며, 꼭지 상태가 양호한 것을 선택한다. 껍질이 두껍고 씨가 적은 것이 좋은데, 끝이 둥근 것이 과피가 두껍고 연하다. 고추는 잘 고르는 것도 중요하지만 보관을 잘해야 맛을 오랫동안 유지할 수 있다. 풋고추는 만져 보았을 때 단단한 것이 일반적으로 맵다. 풋고추는 흐르는 물에 여러 번 씻어 꼭지를 떼어 내야 한다. 잔류 농약이 흘러내려 끝부분에 맺혀 남아 있으므로 요리에 사용할 때는 뾰족한 끝부분을 잘라 내고 이용한다.

양배추
들어 보아 묵직하고 속이 꽉 찬 것이 좋다. 흰 속잎만 남은 것은 오래되어 겉잎을 떼어 낸 것이므로 가능하면 푸른 잎이 많은 것을 고른다. 반을 잘라서 파는 것은 속이 구불구불하지 않고 가지런한 것을 고른다. 소금물에 오래 절여 두어야 잎이 부드러워진다.

미나리
줄기가 지나치게 굵거나 가늘지 않은, 굵기가 일정하고 통통하며 잎이 푸르고 잡티가 없는 것이 좋다. 뿌리 쪽 줄기 부분에 잔뿌리가 많이 나 있는 것은 질기므로 피한다. 잎 부분은 향이 약하므로 김치에는 줄기만 다듬어서 사용한다.

고들빼기

잎이 까슬까슬하고 윤기가 나며 뿌리가 통통하고 튼실한 것을 고른다. 뿌리의 잔털과 누렇고 억센 잎을 떼어 내고 뿌리째 깨끗이 씻어 소금물에 1주일 담가 쓴맛을 충분히 우려낸다. 도중에 한 번 정도 물을 갈아 주고 물 위에 떠오르지 않도록 돌로 눌러 놓아 삭힌다.

깻잎

중간 크기에 옅은 녹색을 띠며 여린 듯하고 벌레 먹지 않은 것을 고른다. 잎이 크면 질기고 뻣뻣해서 맛이 덜하다. 흐르는 물에 한 장씩 깨끗이 씻어서 탁탁 털어 채반에 엎어 놓으면 저절로 물기가 빠진다.

굴

약한 청색이 도는 유백색으로, 손에 쥐었을 때 탱글탱글하며 묵직하고, 손가락으로 눌렀을 때 탄력이 있는 것이 신선하다. 엷은 소금물에 가볍게 흔들어 껍질과 잡티를 골라 낸 뒤 체에 밭쳐 물기를 제거한다. 양념에 많이 넣으면 김치가 빨리 익으므로 금방 먹을 김치에만 넣는다. 회로 먹을 때는 무즙에 넣어 한 번 휘저으면 깨끗해진다.

낙지

낙지는 다리에 흡반이 정확히 붙어 있고 빨아 당기는 듯한 느낌이 강한 것이 싱싱하다. 배추김치에는 주로 젓갈이나 해산물과 함께 섞어 소에 이용한다. 국물이 많은 무김치나 백김치에 넣으면 비린내가 나지 않고 감칠맛을 더해 준다.

〈표8〉 김치 재료의 주성분 및 효능

원료명	성분	효능
배추	시토스페롤 · 글루코시놀레이트	콜레스테롤 감소, 노화 억제, 항암
무	쿼세틴 · 이소티오시아네이트	소화 촉진, 거담 · 진해 작용, 항암
고추	캡사이신	비만 예방 및 완화(에너지대사 증진, 체지방 감소), 혈액순환 촉진, 식욕 증진
마늘	알린, 알리신	항균 · 항바이러스, 항암(대장암 · 간암 · 위암) 작용, 콜레스테롤 상승 억제, 피로 해소
생강	진저롤, 진저린	감기 · 감염증 예방, 냉병 개선, 항암 작용
파	디알릴설파이드	노화 억제 · 항암 작용
갓	루테인	눈 건강 유지, 고혈압 예방, 항암 작용
고들빼기	락투캐듐, 사포닌	소화기능 개선, 식욕 증진, 항암 작용
미나리	루테인, 테르펜유	빈혈 예방, 해독 작용, 노화 억제
부추	알리신	콜레스테롤 상승 억제, 혈액순환 촉진, 항암 작용
양파	쿼세틴, 알리신	당뇨 증상 개선, 콜레스테롤 상승 억제, 동맥경화 예방

기본 양념

소금
가는 소금 _ 굵은 소금(천일염)을 정제하여 불순물을 제거한 것으로, 꽃소금이라고도 한다. 김치 속이 싱거울 때 간을 맞추기 위해 사용한다.

굵은 소금 _ 호염 또는 천일염이라고도 불리는 굵은 소금은 우윳빛을 띠고 입자가 고른 것이 좋다. 손에 쥐었다가 놓으면 손에 묻지 않고 바슬바슬하고 맑은 것, 한 줌을 쥐고 비벼 보면 잘 부서지며 물에 잘 녹는 것이 품질이 좋은 것이다. 배추나 무를 절일 때 사용하는데, 간수가 빠진 것을 사용해야 절인 배추에서 쓴맛이 나지 않는다. 굵은 소금 안에 남아 있는 칼슘과 마그네슘 등의 무기질이 배추를 절일 때 조직을 단단하게 해 주어 저장 김치가 무르지 않는다.

고춧가루
굵은 고춧가루 _ 고춧가루는 김치 양념의 핵심으로, 빛깔이 곱고 윤기가 나는 태양초를 선택한다. 태양초는 고추씨가 보이며, 살이 투명하고 맑아 빛이 난다. 일반 고추는 끝이 약간 구부러지고 검붉은 것을 고른다. 하지만 지나치게 투명해서 속에 든 씨앗이 다 보이는 것은 가루로 냈을 때 양이 적을 가능성이 높다. 김치를 담글 때는 입자가 굵은 고춧가루를 사용하는 것이 맛깔스러워 보이고 저장성도 좋다.

고운 고춧가루 _ 고추장을 담글 때, 생채나 나박김치 같은 물김치 종류의 국물을 곱고 깨끗하게 만들 때 사용한다. 고추물이 곱게 들고 깔끔하게 요리되나 버무림 김치에는 사용하지 않는다.

설탕
김치 속을 만들 때 설탕을 배추 무게의 1% 정도를 넣으면 짠맛 뒤에 오는 쓴맛과 짭짤한 젓국의 맛을 부드럽게 해 주어 감칠맛이 난다. 과학자들은 이를 '설탕 발효'라고 한다. 젖산균이 설탕을 먹고 배출한 물질은 설탕이 아닌 다른 것으로 변해 있기 때문이다. 그러나

지나치게 많이 넣으면 김치국물이 끈적끈적해지고 배추가 쉽게 무를 수 있다.

마늘

마늘을 고를 때는 알이 둥글고 단단하며 크기가 일정하고 뿌리가 붙어 있는 것이 좋다. 껍질은 얇고 바삭거리되 잘 벗겨지지 않아야 한다. 껍질이 축축한 것은 건조 상태가 좋지 않아 장기 보관이 힘드므로 피해야 하고, 다져서 냉장 보관할 때 양파나 설탕을 약간 섞으면 색이 변하지 않고 맛도 순해지며 깊은 맛이 생긴다.

생강

생강을 고를 때는 단단하고 색이 노랗고 잘랐을 때 가는 실이 없는 것을 선택한다. 냄새가 강하고 매운맛이 많이 나는 것이 김장용으로 알맞다. 국산 생강은 수입품에 비해 크기가 작고 흙이 많이 묻어 있으며, 매운맛과 향이 강해 김치를 담기에 적당하다. 하지만 생강을 지나치게 넣으면 쓴맛이 나므로 마늘 분량의 1/3 정도만 넣는 것이 좋다.

대파

대파는 뿌리 쪽 흰 부분의 줄기가 굵으며 싱싱한 것으로, 잎이 길지 않은 것이 좋다. 굵기가 고르고, 마르지 않은 것을 고른다. 대파는 흰 부분만 다져서 사용하는데, 김치에 사용할 때는 다지는 것보다 채 썰어 넣는 것이 진액이 나오는 것을 방지할 수 있어 깔끔하게 김치를 담글 수 있다. 다진 파는 다진 마늘에 비해 빨리 상하므로 사용할 만큼만 다져서 쓰는 것이 좋다.

다시마

물김치의 국물을 낼 때 멸치와 함께 끓여서 체에 밭쳐 국물만 내려 쓴다. 빛깔이 검고 한 장씩 반듯하게 말린 것, 두꺼운 것이 품질이 좋다. 젖은 헝겊으로 표면을 깨끗이 닦아 낸 뒤에 이용한다. 오래 끓이면 끈끈한 점액질이 녹아 나오므로 5분 이하로 끓여 바로 건져 낸다.

청각

김치의 향을 더하고 탄산미를 내어 시원하게 하고 개운한 맛을 살린다. 주로 동치미와 백김치에 넣는데 마른 것, 불린 것, 생것이 있다. 마른 것은 푸른빛이 풍부하고 깨끗하게 마른 것이 좋고, 생것은 검녹색을 띠며 곱고 가지가 통통하며 윤이 나는 것이 좋다. 물에 불린 것은 좋지 않으므로 말린 것을 불려서 잘게 잘라 사용한다.

표고
갓 표면이 갈색을 띠고 거북이 등처럼 갈라져 있으며 갓이 많이 퍼지지 않은 것이 좋다. 마른 것은 향기가 있고 줄기는 통통하며 짧은 것이 좋다. 뒷면은 유백색으로 손으로 눌러 보아 단단하고 표면이 매끄러운 것을 고른다. 마른 표고는 영양가가 높고 향이 독특하여 소에 주로 사용한다.

석이
석이는 화강암 절벽에 붙어 사는데, 진한 검은색을 띠며 부서지지 않은 것이 좋다. 김치에는 고명으로만 사용한다.

재료 이야기

물

김치를 만드는 데 빼놓을 수 없는 재료가 물이다. 서양 철학의 원조라고 할 수 있는 탈레스 Thales(BC 624~546)는 "세계의 근원은 물이다. 만물은 물에서 만들어졌으며, 궁극적으로 다시 물로 돌아간다"라고 했으며, 《위서緯書》에서는 물을 가리켜 '천지의 포막包幕이며, 오행五行의 시초이고, 대지가 그로 말미암아 생겨나며, 원기의 정액淨液'이라고 했다.

사람은 물을 통해 영양분을 섭취한다. 물은 혈액과 체액을 통해 몸 구석구석을 순환하면서 몸속의 노폐물을 배출하고 소화를 촉진하여 체온을 조절하는 등 중요한 작용을 한다. 인체에 물이 부족하면 노화가 촉진되고 감기를 비롯한 바이러스나 세균성 질환에 걸리기 쉽다. 사람은 물 없이는 1주일밖에 살 수 없지만, 물만 마시고도 1개월을 살 수 있을 만큼 생명과 직결된다. 또한 하루에 2~3 l 의 물을 섭취하고 같은 양의 물을 배출함으로써 체내 수분이 평형을 이룬다. 우리 몸은 70%가 수분으로, 하루에 8잔 이상의 물을 마시면 변비·신장 결석·방광염 등을 예방할 수 있다. 또 동맥경화증이 있는 사람은 감기나 과로로 땀을 많이 흘리면 피가 끈적끈적해져 혈관이 막혀 중풍이나 과로사가 일어날 수 있으므로 물을 잘 마셔야 한다.

좋은 물은 가볍고 맑고 차고 냄새가 없으며, 부드럽고 비위에 맞고 먹어서 탈을 일으키지 않는다. 특히 공복일 때 좋은 물을 많이 마시면 체질 개선과 질병 치료 효과가 있다. 김치를 담글 때도 좋은 물을 써야 한다. 물도 잘 먹으면 약이 된다는 점을 유념하자.

소금

소금은 인류가 이용해 온 가장 오래된 조미료이자 보존료이다. 음식의 간을 맞출 때 필요할 뿐만 아니라, 신체의 기능 유지 면에서도 물질로 대체할 수 없는 특징을 갖고 있다. 우리 몸에 흡수된 소금은 나트륨(Na)과 염소(Cl)가 되어 혈액·소화액·조직액에 들어가 삼투압과 산도를 조절하며, 신경과 근육 접합부의 흥분성을 조절하는 등 여러 가지 작용을 한다. 우리나라

소금 종류
자염 천일염 암염
제재소금 구운소금
죽염 가공소금

는 세계적으로 소금을 많이 소비하는 편인데, 이는 김치류·젓갈류·장류 등을 즐겨 먹는 식생활 문화 때문이다. 하지만 조금만 싱겁게 간을 하면 음식을 건강식으로 즐길 수 있으며, 음식 맛도 더욱 살릴 수 있다. 우리 선조들은 죽염을 만들어 해독·소염·항균제로 이용했을 뿐만 아니라 체질 개선 및 위장 운동 활성화, 종합 미네랄을 함유한 건강식품으로도 애용했다.

소금의 종류에는 자염, 천일염, 암염, 제재소금, 구운소금, 죽염, 가공소금 등이 있다.

자염煮鹽 _ 바닷물을 끓여서 만든 소금으로, 우리나라 전통 소금 제조법에 의해 생산된다. 바닷물을 갯벌 웅덩이에서 농축시킨 뒤 그 물을 육지에 있는 솥으로 옮겨 은근한 불에서 10여 시간 끓여서 소금 결정을 얻는다. 끓이는 동안 계속해서 거품을 걷어 내며 불순물을 제거하므로 쓴맛과 떫은맛이 없으며 입자가 곱고 염도가 낮아 맛이 순하다. 미네랄 함량도 천일염보다 높은 편이어서 예부터 최고급 소금으로 인정받아 왔다. 그러나 제조 공정이 까다롭고 노동력도 많이 필요하여 지금은 충남 태안 등 극히 일부 지역에서만 소량 생산되고 있다.

천일염 _ 바닷물을 햇볕과 바람으로 증발시켜 얻은 소금이다. 외국은 바닷물을 가둬 두고 그냥 증발시키지만 비가 많이 내리는 우리나라에서는 바닷물을 제1증발지, 제2증발지, 결정지 등으로 옮겨가면서 농축시켜 천일염을 생산한다. 우리나라 천일염 생산 시기는 3월초에서 10월 말까지이며, 품질이 가장 좋은 소금은 5월말에서 6월초, 낮 최고 기온 24~27도에서 바람이 서쪽에서 미풍이 불어올 때 생산된 소금이다. 소금 알갱이는 중간 크기가 좋다. 천일염은 염전의 바닥 재질에 따라 검정색 비닐 장판을 깐 '장판염'과 갯벌 바닥을 이용하는 '토판염'으로 나뉜다. 토판염이 웰빙 소금으로 알려지면서 토판염에 대한 수요가 증가하고 있다.

암염 _ 광산에서 캐는 돌소금으로, 전 세계에서 1년 동안 생산하는 소금 약 2억 600만 톤 중 60% 정도를 차지한다. 암염의 주산지는 러시아 연방 남동부, 미국 서부와 뉴욕 중부, 캐나다 온타리오, 프랑스 다크스 등이다. 암염은 예전에 바다였던 곳이 지각 변동으로 육지로 변해 물은 증발되고 소금만 남아 굳은 것이다. 암염은 지층에 구멍을 뚫고 그 구멍으로 물을 부어 소금이 녹으면 물을 퍼 올리는 방식으로 얻는다. 땅 위에 있는 소금은 암석을 캐듯 채취한다. 암염에는 미네랄이 거의 없고 염화나트륨이 98% 이상을 차지한다. 오랜 세월에 걸쳐 소금 덩어리로 굳는 동안 미네랄 성분은 씻겨 내려가고 염화나트륨 결정만 남았기 때문이다.

재제 소금 _ 소금 입자가 작고 하얀색으로 '꽃소금'이라고 한다. 천일염이나 암염을 정제수나 바닷물 등에 녹여 불순물을 여과한 뒤 다시 가열해 결정화한 소금이다. 용해, 여과, 침전, 재결정, 탕수, 염도 조정 등의 공정을 거친다. 천일염에 비해 미네랄 함량은 부족하지만 불순물도 적다. 국내산 천일염으로는 재제소금을 만들기 어렵다. 국산 천일염의 경우 철분 등 미네랄 성분이 많아 가공하는 과정에서 산화되어 붉은색이나 황색으로 변해 버리기 때문이다. 우리나라에서 생산되는 재제소금의 주재료는 대개 호주산이나 멕시코산 천일염이다. 재결정이 잘되도록 하기 위해 소량의 국산 천일염을 조금 섞기도 한다.

구운 소금 _ 천일염을 고온에서 구워 만든 소금으로, 천일염에 열을 가하면 간수와 유해 성분이 제거되고 미네랄은 남는다. 천일염에 들어 있던 비소·납·수은 등 유독성 물질이 각각 비등점이 낮은 성분부터 증발한다. 이 가운데 수은은 약 450℃에서 기체 상태가 되어 대기 중으로 날아간다. 소금을 굽는 과정에서 아황산가스·탄산가스 등의 유독 가스가 발생하므로 환기가 잘 되는 곳에서 만들어야 한다. 또 소금을 300~600℃에서 구우면 다이옥신이 나올 수 있으므로 800℃ 이상으로 가열한다. 구운 소금을 살 때는 제품 포장지에 '식약청에서 정한 안전 수준 제품'이라는 문구가 있는지 확인해야 한다.

죽염 _ 천일염을 대나무 속에 넣어 구워 낸 소금이다. 죽염을 만들 때는 한쪽이 막힌 대나무 통에 천일염을 채워 넣고 황토로 봉한 뒤 가마에 넣고 소나무 장작으로 불을 지펴 굽는다. 불이 꺼지고 가마가 식으면 대나무는 다 타서 재가 되고 소금은 녹았다가 굳어서 하얀 막대기처럼 된다. 이 소금 덩어리를 빻아 다시 대나무 통에 넣고 굽는다. 이 같은 방법을 아홉 번 되풀이하되 마지막 구울 때 1,200℃ 이상 온도를 올려 소금이 용암처럼 녹아 흘러내리게 한 뒤 식혀서 분쇄한 것이 죽염이다. 죽염엔 살균 작용을 하는 천연 유황 등 대나무의 유효 성분이 소금에 더해져 비염이나 축농증·기관지염·잇몸질환 등에 효과가 있는 것으로 알려져 있다.

가공 소금 _ 소금에 영양이나 맛을 증진시킬 목적으로 다른 식품이나 식품 첨가물을 더해 가공한 소금이다. 맛을 높이기 위해 글루탐산[MSG]을 첨가한 맛소금, 혈압 건강을 위해 나트륨 함량을 낮춘 저나트륨 소금, 키토산 소금, 요오드 함유 소금 등이 있다. 이 밖에도 녹차·허브·함초·마늘 등의 성분을 첨가한 다양한 소금이 출시되고 있다.

소금을 이용해 음식 맛을 내는 법
- 기본 양념으로 사용할 때는 적당량을 한 번에 넣는다.
- 차게 먹는 음식은 약간 싱겁게 간한다.
- 소금과 설탕을 함께 넣을 때는 설탕을 먼저 넣어야 단맛을 보존할 수 있다.
- 단맛의 효과를 높이려면 소금을 조금 넣는다.
- 고기나 생선을 굽기 직전에 소금을 뿌려야 삼투압 작용을 하여 고기가 질겨지거나 육즙이 빠져나가는 것을 막을 수 있다.
- 식품을 삶을 때 소금을 넣으면 색이 선명하고 맛이 부드러워진다.
- 소금이 방화벽 역할을 하여 음식이 타는 것을 막아 준다.
- 국수에 소금을 넣으면 쫄깃한 맛이 더해진다.

- 생선이나 어패류는 3% 농도의 소금물에 씻는 것이 좋다.
- 생선살을 단단하게 할 때는 채반에 놓고 소금을 뿌린다.

무

무는 우리에게 매우 친숙한 채소로, 무가 없다면 식단이 매우 단조로워질 것이다. 깍두기·무김치·총각김치·동치미·나박김치 등의 김치를 비롯하여 무나물·무생채·무조림·무국·무시루떡 등 무를 이용해 할 수 있는 요리는 매우 다양하다. 예부터 '무를 많이 먹으면 속병이 없다'라는 말이 있는데, 이는 디아스타아제diastase라는 소화 효소가 음식물의 소화 흡수를 도와주기 때문이다. 무의 매운맛은 살균·항균·항암 작용을 한다.

한방에서는 무의 성질이 서늘하고 맛은 맵고 달며, 생것일 때는 차갑지만 익으면 따뜻해지며, 폐열肺熱을 식히는 작용이 있어 가래와 기침을 가라앉힌다고 하였다. 무에 풍부한 수분과 비타민 C가 기침을 멎게 하는 것이다.

무의 원산지는 지중해 연안으로, 6천 년 전 이집트에서 피라미드를 만들 때 동원된 노동자들에게 무를 먹였다는 기록이 있다. 고려시대에 출간된 《가포지영家圃之詠》에 무에 대한 기록이 있는 것으로 보아 우리나라도 오래 전부터 무를 식용했음을 짐작할 수 있다. 그러나 당시에는 무라고 하지 않고 '나복蘿蔔'이라 하여 나복김치·나복채·나복병으로 적고 있다. 무를 납작하게 썰어 담근 물김치인 나박김치 역시 나복에서 나온 말이다.

무는 재래종인 조선무와 왜무로 나뉜다. 조선무는 단단하고 물기가 적으며 녹말이 많고, 왜무는 희고 길며 끝이 쭉 빠지고 잔털이 없다. 조선무가 왜무보다 수분이 적고 영양가가 높다.

동치미무는 작고 단단하며 매운맛이 있지만 김치를 담그면 아삭한 식감이 좋고 시원한 단맛이 난다. 육질이 치밀하고 저장성도 강한 편이다. 윗부분이 파랗지 않고 중간크기보다 약간 작은 것을 고르면 맛이 좋다. 용도별로는, 동치미용으로 동글동글하고 크기가 작은 성호원종, 깍두기용으로 밑이 둥글게 퍼지고 단단한 재래종 서울무, 총각김치용으로 잎이 달리거나 열무처럼 껍질이 얇은 종, 그리고 단무지용인 궁중과 연마가 있다.

무는 진흙에서 자란 것이 맛있다. 몸통 전체가 흰 것과 무청 달린 부분이 푸른 것이 있는데 푸른 부분이 많을수록 단맛이 강하다. 짧고 둥글둥글한 것은 무 특유의 매운맛이 나기 때문에 조림용으로 좋고, 긴 무는 수분이 많고 맛이 약간 싱거우므로 생채용으로 적합하다. 껍질에 비타민 C가 더 많으므로 깨끗이 씻어서 껍질까지 먹는 것이 좋다. 특별한 향과 색은 없지만 다른 재료와 조화를 이루고 시원한 맛을 내는 것이 무의 매력이다.

김장을 담글 때 무채를 속으로 넣는다. 무에는 배추나 다른 양념에는 없는, 젖산균의 먹이인 필수아미노산이 들어 있다. 무를 넣지 않은 김치는 맛을 좌우하는 젖산균이 제대로 자라지 못하여 김치 본래의 맛을 내지 못한다. 양배추김치·물김치·갓김치 등 어느 김치도 무를 넣지 않으면 제대로 숙성되지 않는다. 무는 우리나라의 김치 발효의 열쇠인 셈이다.

고추

대표적인 매운맛 성분은 캅사이신·알리신·피페린 등인데, 고추의 캅사이신capsaicin 함유량은 0.2~0.4% 정도로, 특히 씨 부분에 많이 들어 있다.

고추는 우리나라 음식 문화에서 빠져서는 안 될 중요한 식재료로, 한국 사람의 특성을 말할 때도 '고추의 힘'이라고 비유하기도 한다. 우리나라 사람들은 우울하고 무기력할 때면 '불타는 듯 맵고 강렬한 매운맛'으로 감각을 자극하고 그것에서 활력을 얻곤 한다. 한국인의 입맛에는 고추의 맵고 화끈한 맛이 각인되어 있는 것이다. 우리나라에 고추가 처음 들어온 것은 임진왜란 때로, '일본에서 온 매운 나물'이라는 뜻에서 '왜倭겨자' 또는 고통스러운 맛이 난다 하여 '고초苦草, 苦椒'라고 불렸다. 유입된 지는 4백 년에 불과하지만 소비량은 연간 약 20만 톤으로, 한국 음식에서 빼놓을 수 없는 필수 양념이다.

고추는 비타민 A·C의 함량이 매우 풍부한데, 비타민 C가 사과의 20배, 귤의 2배에 이른다. 고추에 들어 있는 매운맛 성분인 캅사이신은 살균·정장 작용을 하고, 타액과 위액 분비를 촉진하여 소화 작용을 활발하게 한다. 혈액 순환을 촉진하여 탈모를 예방하며, 신경통과 류머티즘을 치료하는 데 이용되기도 한다. 김치 다이어트가 효과적인 것도 자율 신경을 자극해 지방의 축적을 막고 체내 지방을 분해하는 캅사이신 성분 덕분이다.

'작은 고추가 맵다'라는 말은 작은 고추가 큰 고추보다 캅사이신 함량이 높다는 뜻이기도 하다. 실제로 맵기로 소문난 청양고추의 캅사이신 함량은 일반 고추의 6~7배나 된다. 캅사이신은 껍질에도 소량 있지만 대부분은 씨가 붙어 있는 부분인 태좌胎座에 몰려 있다. 풋고추보다는 빨갛게 익기 직전의 고추에 더 많다. 캅사이신은 체내에 엔도르핀endorphin이 돌게 하고 통증 원인 물질의 하나인 'P물질'을 억제한다. 캅사이신은 기름과 잘 어울리고, 마늘·양파 등과 함께 이용하면 항산화력이 상승한다. 고기나 생선 등과 함께 섭취하면 체력 증강 효과가 크다.

《약용식물사전》에서는 고추에 대해, "소화불량과 장풍腸風 등에 쓰이며, 동상·류머티즘·신경통·기관지염에 효과가 있다"라고 기록해 놓았다. 또한 속방俗方에서, 감기를 낫게 하는 약으로 이용되기도 했다. 고춧가루를 탄 감주[고추감주]나 콩나물국, 소주에 고춧가루를 타 먹는 고추술이 그것이다.

매운 음식을 적당히 즐기면 건강에 이롭지만 지나치게 섭취하면 혈관을 수축시키고 위장병이 생길 수 있다. 위의 보호막이라고 할 수 있는 위 점액의 분비가 줄어들고 위 점막의 혈류가 감소하여 매운 성분이 위세포를 자극하기 때문이다. 자극의 결과로 미란성 위염이나 위경련·위궤양이 생길 수 있다. 특히 열이 많은 임산부는 매운 음식을 많이 먹으면 아기가 태열에 시달릴 수 있으므로 조심해야 한다.

캅사이신의 기능
- 노화의 주범인 활성산소를 없애는 항산화 성분이 풍부하다. 고추에 들어 있는 클로로겐산은 페놀 화합물로서 발암 단백질인 ERK 활성을 줄여 대장암과 피부 노화를 예방하는 효과가 있다.
- 강력한 살균·항균 작용으로 유해 세균을 죽인다.
- 다이어트에 효과적이다. 지방 분해 효소인 리파아제lipase를 활성화하여 체지방과 글리코겐 등이 분해되기 때문이다.
- 혈당 조절에 유익하여 당뇨병 환자에게 좋다.
- 고혈압과 혈전(피 찌꺼기) 예방에도 효과가 있다. 매운맛의 자극을 받아 염분 섭취를 삼가게 되기 때문이다.
- 자극적인 향이 위액의 분비와 소화액의 분비를 촉진하고 식욕을 증진시킨다.
- 몸을 따뜻하게 하여 면역력을 높여 주고, 혈액순환 촉진으로 신경통 치료 효과가 있다.
- 통증을 경감시키는 효과가 있다. 퇴행성과 류머티스성 관절염·대상포진 환자의 통증을 덜어 주는 캅사이신 연고가 시판되고 있다.

좋은 고춧가루 고르는 법
- 씹었을 때 매운맛과 단맛이 조화를 이루는 매콤달콤한 것이 좋다.
- 과피가 얇은 것보다는 두꺼운 것이 맛이 좋고 가루가 많이 난다.
- 잘 마른 것은 광택이 좋다. 흔들어 봐서 고추씨 소리가 달각달각 나면 잘 마른 것이다.
- 속심의 붉은색이 진하고 씨가 적은 것이 좋다.
- 햇볕을 충분히 받은 유기농 고추는 꼭지가 짧고 굵으며 낚시 바늘 모양이다.

가짜 고춧가루 식별법
- 고춧가루 색이 지나치게 빨간 것은 피하는 것이 좋다.
- 식용유를 고춧가루 1작은 술이 잠길 만큼 붓고 이것을 끓여 고춧가루 양의 3~4배 정도의 물을 부어 색채를 본다. 이때 물들인 고춧가루는 핏빛의 새빨간 색을 띠나, 순수한 고춧가루는 노란빛이 도는 분홍색이 우러나온다.
- 고춧가루를 푼 물에 두부를 넣어 끓인 뒤 두부만 꺼내 깨끗한 물에 담가 둔다. 이때 두부가 깨끗해지면 진짜 고춧가루이고, 붉은 물이 들어 빠지지 않으면 물들인 것이다.

고추 저장법
고추를 그대로 보관할 때는 종이봉투나 망사 자루에 넣어 습기와 직사광선을 피해 통풍이 잘 되는 곳에 둔다. 가루로 보관할 때는 고추를 바짝 말려 가루로 낸 다음 소금과 함께 두면 벌레가 생기지 않는다.

마늘

예부터 마늘은 정력과 성욕을 자극하는 식품으로 인정받아 왔으며, 고대 이집트나 로마 시대에도 스태미나를 식품으로 알려져 있었다. 피라미드를 만드는 데 동원된 노예들은 마늘을 특식으로 먹었으며, 검투사나 운동선수, 군인들도 힘을 얻기 위해 시합이나 전쟁에 나가기 전에는 마늘을 먹었다고 한다.

마늘의 특별한 효능은 알리신allicin과 스코르디닌scordinin이라는 성분에 의한 것으로,《본초강목》에서는 마늘에 대해 "강장 · 강정 · 식욕 부진 해소 · 항균 · 정신 안정 · 혈압 강하 · 신경통 완화 등의 효능이 뛰어나다"라고 했다. 쥐를 이용한 실험에서 마늘 추출물인 스코르디닌을 먹인 그룹이 먹지 않은 그룹보다 운동 능력이 뛰어났고, 정자의 수도 월등히 많았다. 그러나 금욕禁慾을 중시하는 불교에서는 날것으로 먹으면 기氣가 발동하고, 삶아 먹으면 음심淫心이 뻗친다 하여 마늘 섭취를 금하고 있다.

"마늘이 있는 식탁은 약국보다 낫다"라고 하며 '일해백리一害百利'의 식물로도 불리는데, 이는 마늘 특유의 냄새를 제외하고는 백 가지 이로움을 주는 뛰어난 식품이라는 뜻이다. 그래서 미국과 유럽에서는 오래 전부터 마늘을 자연 혈압 강하제로 사용해 왔다. 최근 유럽에서 고혈압 환자를 대상으로 마늘을 상식常食시켜 본 결과 약 3개월 동안 40% 정도의 환자의 혈압이 내려가고 혈중 콜레스테롤 수치도 낮아졌다고 한다.

마늘은 장기적으로 먹어도 해가 없을 뿐만 아니라 체력 증진 작용을 하고 노화를 막고 건강을 유지시켜 주는 효과가 있다. 현대인의 3대 질병인 암 · 심장 질환 · 뇌혈관 질환을 예방하고, 징후가 있는 사람의 체질을 개선해 주는 효과도 있다. 또한 페니실린보다 살균 효과가 강해서 러시아에서는 항생 물질 대신 마늘 추출물을 사용, '러시아 페니실린'으로 부르기도 한다. 마늘은 세균에 내성이 생기지 않아 반복 사용해도 효과가 유지된다는 장점이 있으며, 살균력은 날것이나 익힌 것이나 동일하다고 한다.

김치를 담글 때 마늘은 필수 재료이다. 마늘은 젖산균의 공급처로 맨 처음 마늘을 까면 표면에 젖산균이 눈에 띄지도 않는다. 그러나 20~30분만 그릇에 담아 두면 수십 종의 젖산균이 득실거린다. 그래서 마늘을 넣어 주지 않으면 젖산균이 제대로 공급되지 않아 김치가 일찍 상한다. 배추 무게의 0.5% 정도의 마늘을 넣어 주면 좋다. 동물성 아미노산은 젖산균의 먹이 역할을 한다.

몸이 차서 잠을 이루지 못할 때 마늘이나 마늘 술을 복용하면 몸이 따뜻해지고 정신적으로 안정을 찾을 수 있다. 날것 또는 죽처럼 끓인 것을 먹으면 목이 쉰 것을 풀어 준다. 또한 고기와 함께 먹으면 단백질의 소화가 촉진된다.

마늘을 먹은 뒤 입 냄새를 제거하려면 우유를 마시거나 녹차 잎을 씹으면 효과적이다. 보통 성인의 경우 하루에 2~3쪽 정도를 먹는 것이 적당하지만 갑자기 과잉 섭취할 경우 위 점막이 자극을 받아 위통이 일어나거나 위장병을 악화시킬 수도 있으므로 주의해야 한다.

생강

생강의 원산지는 인도와 말레이시아 일대로, 온도가 높고 비가 많이 오는 지역에서 잘 자란다. 유럽에는 아랍 상인들에 의해 1세기 전에 전해졌으며, 9세기에는 향신료로써 프랑스와 독일에 보급되었다고 한다. 고려 현종 때(1018년)의 기록으로 보아 우리나라에서도 재배 역사가 오래된 것으로 추측된다. 허균의 《도문대작》에서는 생강의 명산지로 전주를 꼽고 있으며, 담양이나 창평의 생강도 유명하다고 하였다.

생강은 매운맛과 강한 향을 지니고 있는데, 고기를 부드럽게 하고 비린내를 없애는 데 효과가 좋아 생선이나 육류(특히 돼지고기) 요리에 반드시 이용된다. 생강 특유의 매운맛은 진저롤 ginerols과 시네올cineole 성분에 의한 것으로, 이들 성분은 말초 혈관의 혈액 순환을 원활하게 하여 몸을 따뜻하게 하고 땀이 나게 하는 효과가 있다. 위액 분비량을 증가시키고 위장의 활발한 활동을 돕는 등 위장 기능을 조절하여 구역질을 멎게 하는 효과도 있다. 동양에서는 오래 전부터 생강의 배멀미 방지 효과를 이해하고 이용해 왔으며, 식욕이 떨어졌을 때 먹는 약으로도 생강을 빠뜨리지 않았다. 《예기禮記》에는 공자孔子께서도 생강을 자주 이용했다는 기록이 남아 있다. 무기질 또한 풍부하고 신맛 성분이 있어서 간장의 활동을 원활하게 하고 이뇨 작용과 종기를 제거하는 효과가 있다.

《본초학》에서는 "생강은 성질이 따뜻한데 껍질은 차니 따뜻한 효력으로 이용하려면 껍질을 버리고 사용하고, 차게 이용하려면 껍질까지 쓴다"라고 하였다. 정약용 선생 또한 중풍에도 생강 즙이 좋고, 감기에는 생강을 씹어 먹은 다음 땀을 내면 효과가 있다고 했다. 생강은 전 세계 곳곳에서 유용하게 이용되는데, 인도에서는 기침약으로 생강차를 마시고, 아프리카에서는 최음제로 이용하며, 뉴기니아의 여성들은 피임제로 말린 생강을 먹는다.

일본 기후 대학 의학부의 모리히데 도오루 교수 팀이 쥐를 대상으로 대장암 유발 물질을 정기적으로 피하 주사하는 실험을 실시한 결과에 의하면, 치료법으로 몇 가지 식품의 추출물을 투여했는데, 그중 진저롤을 투여한 그룹의 암 발생률이 가장 낮았다고 한다.

생강은 지나치게 많이 먹기보다는 하루에 20g(중간 크기) 정도를 섭취하는 것이 가장 좋다. 좋은 생강은 쪽이 굵고 굴곡이 적은 것으로, 껍질에 주름이 없고 얇아 투명한 것이 덜 맵고 수분이 많다. 마디를 끊어 보았을 때 가느다란 실이 없는 것이 좋고, 김장용으로는 매운맛이 강한 것을 쓴다. 여러 가지 식품과 함께 적당량의 생강을 섭취하는 것이 현명한 섭식법이다.

파

파의 원산지는 중국으로, 3천 년 전 중국 서북쪽에서 처음으로 재배되었다. 칼슘·염분·비타민이 풍부하고 향이 독특하여 생식으로도 이용하고 김치를 비롯한 각종 요리에도 널리 쓰인다. 일반 채소가 알칼리성인 데 반해 파는 유황이 풍부한 산성 식품이다. 각종 비타민과 단백질이 들어 있어 소화를 돕고 땀을 잘 나게 하여 감기에 죽을 끓여 먹으면 효과를 볼 수 있다. 또 잠이 오지 않을 때 파를 머리맡에 두고 자면 머리가 맑아진다. 감기에 걸렸을 때는 잠들기 전에 파의 흰 줄기를 끓여 마시면 좋고 기침이 심할 때는 파를 잘게 썰어서 헝겊에 싼 뒤 콧구멍에 대고 숨을 쉬면 기침이 멎는다.

특히 고깃국에는 반드시 파가 들어가는데 이는 파가 고기 맛을 좋게 하고 육질을 연하게 해 주기 때문이다. 우리나라에 등장한 시기는 정확하게 알 수 없지만 고려시대 문헌인 《향약구급방》에 파가 약재로 나온다. 또한 파는 '오신채五辛菜' 가운데 하나로 입춘 날 먹었다. 오신채란 이른 봄에 생채를 만들어 입맛을 돋우는 데 이용한 매콤한 봄나물로, '움파·산갓·당귀·싹·미나리·싹무'의 5가지를 말한다. 파는 신진대사를 촉진하는 작용이 좋아 겨우내 쌓인 피로와 독을 제거하고 몸에 활력을 준다.

젓갈

젓갈은 특유의 향과 맛으로 김치의 감칠맛을 내는 기본 양념으로, 질 좋은 단백질과 무기질, 지방 등의 영양소가 풍부하다. 젓갈은 어패류를 통째로 쓰거나 잘라서 이용하는데, 소금을 넣어 해산물에 존재하는 단백질 분해 능력이 있는 자가소화 효소와 호염성好鹽性 미생물의 단백질 분해 효소에 의해 분해되는 과정에서 원료의 비린내 등 불쾌한 냄새가 사라지며, 단백질이 아미노산으로 분해되어 맛이 깊어진다.

제조 공정이 단순하고 숙성 후 특유의 독특한 맛을 내므로 김치를 담글 때 부재료로 사용된다. 소금만 사용하는 지염해漬鹽海인 젓갈류로는 조기젓·황석어젓·새우젓·조개젓 등이 있고, 김치용으로 멸치젓과 새우젓이 많이 이용된다. 멸치젓에 함유된 각종 정미 성분 중에서도 유리 아미노산은 젓갈 특유의 풍미와 맛을 지니며 영양 가치도 높여 준다.

현재 젓갈은 반찬과 김장용으로 주로 쓰이며, 술안주나 찌개용으로도 많이 쓰인다. 간장 대용으로 어장(魚醬, 생선을 넣어 담근 장)으로도 이용된다.

김치 종류에 따른 젓갈 사용
김치 종류에 따라 젓갈이 달라진다. 서울의 깍두기와 황해도의 고수김치에는 새우젓, 전라도의 갓김치·파김치·부추김치나 함경도의 무청김치에는 멸치젓, 경상도의 고추김치에는 멸치젓과 갈치젓 등을 쓴다.

이른 겨울에 먹을 김치는 조기젓이나 황석어젓의 생젓국으로 국물을 부으면 시원하고, 중간에 먹을 것은 멸치젓이 좋다. 오래 두었다가(봄이 가까워질 때) 먹을 것에는 젓국을 넣지 않고 소금만으로 간한다.

젓갈 없이 맛 내는 법
- 사골(잡뼈)로 육수를 내어 젓갈 대신 사용한다. 기름을 걷어 내고 사용해야 맛이 깔끔하다.
- 늙은 호박을 푹 삶아 으깨서 버무리면 들큰하면서 구수한 맛이 난다.
- 말린 해물로 국물을 낸다. 멸치·홍합·북어·조개 등을 끓여서 만든 국물로 김치를 담그면 독특한 맛을 느낄 수 있다.

김치에 넣는 풀 쑤기

밀가루나 찹쌀, 보리쌀 등으로 쑨 풀은 당화 작용으로 김치의 발효를 촉진하여 젖산균을 생성하여 감칠맛과 깊고 시원한 맛을 낸다. 김치의 재료와 풀의 재료에 따라서 사용량이 달라지므로 분량을 잘 확인한다.

김치 양념용 된풀 쑤는 법

풀 종류	재료	방법
밥풀	밥 1/2공기, 물 1.5컵	재료를 모두 믹서에 넣고 간다.
찹쌀풀	찹쌀가루 1큰술 물 1컵(200㎖)	1 찹쌀가루에 분량의 반 정도의 물을 넣어 잘 풀어 놓는다. 2 냄비에 남은 반의 물을 넣어 팔팔 끓으면 풀어 놓은 찹쌀물을 넣는다. 3 냄비 바닥이 눌지 않도록 나무 주걱으로 저으며 끓여서 식혀 놓는다.
밀가루풀	밀가루 1큰술 물 1컵	1 밀가루에 분량의 반 정도의 물을 섞어 잘 풀어 놓는다. 2 냄비에 남은 반의 물을 넣어 팔팔 끓으면 풀어 놓은 밀가루물을 넣는다. 3 냄비 바닥이 눌지 않도록 나무 주걱으로 저으며 끓여 투명해지면 불을 끄고 식혀 놓는다.

물김치용 묽은 풀 쑤는 법

풀 종류	재료	방법
찹쌀풀	찹쌀가루 2/3큰술 물 1컵(200㎖)	1 찹쌀가루에 분량의 반 정도의 물을 넣어 잘 풀어 놓는다. 2 냄비에 남은 반의 물을 넣어 팔팔 끓으면 풀어 놓은 찹쌀물을 넣는다. 3 냄비 바닥이 눌지 않도록 나무 주걱으로 저으며 끓여서 식혀 놓는다.
밀가루풀	밀가루 2/3큰술 물 1컵	1 밀가루에 분량의 반 정도의 물을 섞어 잘 풀어 놓는다. 2 냄비에 남은 반의 물을 넣어 팔팔 끓으면 풀어 놓은 밀가루물을 넣는다. 3 냄비 바닥이 눌지 않도록 나무 주걱으로 저으며 끓여 투명해지면 불을 끄고 식혀 놓는다.
보리밥풀	보리쌀 물	보리쌀을 삶을 때 물을 정해진 분량보다 좀더 넣고 끓어오르면 밥물을 떠낸다. 이 방법은 전라도 농촌에서 열무김치를 담글 때 많이 쓰는 방법이다. 강원도 산간 지방에서는 열무김치를 담글 때 옥수수 삶은 물을 쓰기도 한다.

젓갈 이야기

곰삭아서 더욱 깊은 맛

젓갈은 생선이나 새우, 조개 등에 재료 무게의 약 20%의 소금을 첨가하여 저장한 것으로, 자가 분해 효소와 미생물이 발효하면서 생긴 독특한 맛과 향을 가지고 있다. 알맞은 온도와 바람, 햇빛 등 자연이 숙성시킨 맛으로, 몇 개월을 지나면서 소금에 버무린 살과 뼈가 녹아 생성된 곰삭은 맛의 대표라 할 수 있다. 제조 공정이 단순하고, 숙성 후에는 독특한 감칠맛이 돌아 오래 전부터 반찬이나 김치의 조미료로 이용되어 왔다.

우리나라의 젓갈 종류는 약 140여 종으로, 크게 젓·식해·어육장으로 나눌 수 있다. 이 발효 식품은 밥을 주식으로 하는 식습관에 적합한 밑반찬으로, 특유의 감칠맛을 가지고 있어 김치와 더불어 우리 민족이 일상적으로 먹는 음식이다. 특히 젓갈은 그 자체만으로도 반찬이 되고, 김치 재료나 음식의 맛을 내는 조미료로 쓰이는 등 용도가 다양하다. 칼슘과 단백질의 공급원이기도 하며, 술안주나 조미용(김치 담금용, 간장 대용 및 기타), 의례용, 민간요법 등에도 쓰였다.

젓갈은 목이 좁은 항아리에 담아 그늘지고 서늘한 곳에 저장하는 것이 좋다.

식해食醢 _ 생선을 소금과 쌀로 빚어 숙성한 것으로, 숙성 과정에서 쌀의 전분이 분해되고 유기산이 생성되는데, 소금과 더불어 생선의 부패를 억제할 수 있는 보존법이다. 가자미식해·명태식해 등이 있다.

어육장魚肉醬 _ 생선과 고기, 어패류를 소금과 장으로 담근 것이다. 찌개나 국의 간을 맞출 때는 주로 새우젓을, 나물을 무칠 때는 멸치젓으로 만든 멸장을 넣는데, 간장만으로 간을 한 것과는 달리 독특한 맛이 난다.

멸치젓·멸치액젓

멸치젓은 젓갈류 가운데 열량과 지방 함량이 가장 풍부하고, 필수 아미노산 함량도 높다. 남해의 추자도 근해에서 봄에 잡은 멸치로 담근 추자젓이 최상품이다. 김치에 사용하는 것은 멸치 형태가 남지 않도록 푹 삭힌 것으로, 비린내가 나지 않고 단내가 난다. 국물 색은 검붉고 살은 붉은색을 띠는 것이 비린내가 덜하다. 멸치액젓은 물과 멸치젓을 2 : 1 비율로 섞어 팔팔 끓여 식힌 것을 면보를 깔고 국물을 걸러 낸 것이다. 시판되는 제품을 고를 때는 색이 연하고 탁하지 않은 맑은 상태의 것이 좋다. 김치나 겉절이, 나물 무침에 많이 이용된다.

새우젓

젓갈류 가운데 지방 함량이 가장 적어 담백한 맛을 내므로 김치 특유의 맛과 향을 더한다. 그래서 김치를 담글 때 가장 많이 사용되며, 깔끔하고 깊은 맛을 살려 준다. 젓을 담글 때 사용한 새우에 따라 이름과 쓰임새가 각각 다르다. 음력 정월 그믐에서 4월 사이에 잡은 새우로 담근 것을 풋젓, 2월에 잡은 것으로 담근 것을 동백하젓, 5월에 담근 것을 오젓, 6월에 담근 것을 육젓, 7월에 담근 것을 차젓, 삼복이 지난 뒤에 잡은 새우로 담근 것을 추(秋)젓, 9~10월에 잡은 것으로 담근 것을 동백젓, 동짓달에 담근 것을 동젓이라고 한다. 그밖에도 눈처럼 흰 새우를 삭힌 백하젓, 분홍색이 감도는 자하로 담근 건댕이젓, 아주 작

은 새우로 담근 고개미젓, 삭힌 민물새우에 고추·마늘·생강을 분마기에 넣고 갈아 찹쌀밥과 함께 섞어 버무려 삭힌 토하젓 등이 있다. 특히 토하젓은 맛이 담백하고 깔끔하여 입맛을 돋울 뿐만 아니라 남도 지역의 양반 집에서만 즐겨 먹던 귀한 음식으로, 조선시대에는 궁중 진상품으로 유명했다. 새우는 서해안 지역에서 주로 생산되며, 6월에 생산되는 육젓이 상품이다. 그중에서도 김치 담금용으로는 6월에 잡은 새우로 담근 육젓을 최고로 친다. 새우 모양이 뚜렷하게 남아 있는 것은 덜 삭은 것이다. 씹어 보아 쫄깃쫄깃하고 전체적으로 분홍색을 띠며 잡티가 적은 것이 좋다.

조기젓

조기젓은 조기의 전 부위를 염장 숙성하여 만든 것으로, 독특한 비린내의 구수한 뒷맛이 특징이다. 비린내를 줄이려면 싱싱하고 작은 황조기를 선택해야 한다. 살이 뽀얗고 꼬들꼬들한 것이 상품이다. 노르스름한 국물이 많고 기름이 도는 것을 선택한다.

갈치젓

싱싱한 잔갈치에 소금을 켜켜이 뿌려 숙성한 것이다. 김치를 담글 때 필요한 것은 담근 지 2~3개월 정도 지나 형체가 남아 있는 갈치젓과, 1년 이상 숙성하여 액젓 형태로 된 갈치 액젓이다. 갈치 액젓은 짙은 밤색을 띠며, 김치를 발효시키는 데 주로 이용된다. 비린

내가 강하지만 감칠맛이 나서 고들빼기김치에 넣으면 진한 맛을 내 준다.

황석어젓
오래 삭을수록 감칠맛이 더해지며, 노란색 기름이 도는 것이 잘 익은 것이다. 국물이 적고 냄새가 없으며 알이 많은 것을 고른다. 황석어젓은 살을 토막 내어 배추김칫소에 넣고, 머리와 국물은 달여서 김치젓국으로 사용한다. 손으로 만져 보아 물렁물렁한 느낌이 드는 것이 잘 삭은 것이다. 김장에 주로 사용하는데 구수한 뒷맛을 낸다.

까나리액젓
5~6월경 백령도 연안에서 잡히는 까나리를 자연 발효시킨 것이다. 까나리젓 위에 뜨는 말간 생젓국을 까나리액젓이라 하며, 국간장 대용으로 김치나 겉절이, 나물 무침 등 모든 음식의 간을 내는 데 사용한다. 조금만 넣어도 감칠맛을 더해 준다. 멸치액젓과 비슷하지만 상큼하고 비린내가 적은 것이 특징이다.

감동젓
서해안의 강화도나 황해도에서 생산되는 매우 작고 연한 자줏빛 새우로 담근 젓이다. 겨울을 나면서 곰삭아 건더기가 없을 정도가 된 것을 말하며, '곤쟁이젓'이라고도 한다. 전통 김치 중에 '감동젓무'라는 깍두기가 바로 곤쟁이젓에 해물과 과실을 넣어 담그는 무김치이다. 이는 서울 대갓집에서 별미로 담가 먹던 것으로, 웃어른께 묵은세배를 드리러 갈 때 선물용으로 청화백자 항아리에 담아 홍보에 싸서 보냈다고 한다.

밴댕이젓
밴댕이는 길이가 5~10㎝ 정도 되는 청어과의 물고기이다. 봄에 담가 가을에 먹어야 제맛이 난다. 속이 좁은 사람을 일컬어 '밴댕이 소갈머리 같다'라고 하는 속담은 밴댕이의 내장이 워낙 작은 것에서 유래한 것으로 생각된다. 밴댕이젓은 뼈째 먹을 수 있어 단백질과 칼슘을 보충하는 데는 더없이 좋지만 비린내가 강하므로 향이 강한 양념에 버무려 먹는다. 김치 담글 때보다는 밑반찬으로 많이 이용한다.

김장 김치 맛있게 보관하는 법

김장 김치 보관법..	● 항아리에 김치를 단단히 눌러 담고 무거운 돌로 눌러 주어 압력을 높여 주면 김치가 시는 것을 막고 모양도 흐트러지지 않는다. ● 김치 위에 우거지를 얹어 공기를 차단하고 김치국물은 우거지 아래만 잠기게 붓는다. ● 작은 용기에 나누어 담으면 공기와 닿아 빨리 시어지는 것을 막을 수 있고 꺼내기도 편하다. ● 한 번 먹을 만큼씩 나누어 비닐봉지에 따로따로 담는다. ● 김장독을 땅속 깊이 묻어 온도 변화를 막는다. ● 김치를 항아리에 담기 전에 고춧대, 고추씨를 태워 그 연기로 항아리를 소독하여 잡균의 번식을 예방한다. ● 김칫독 바닥에 10㎝ 두께로 밤나무 잎이나 도토리가 달리는 나무의 잎을 깔아 주면 나뭇잎 성분이 김치의 신맛을 중화한다. ● 오래 먹을 김치는 양념과 해산물, 풀을 넣지 않는 것이 빨리 시어짐을 방지할 수 있다. ● 김치를 꺼낼 때는 마른손으로 꺼내야 한다. 젖은 손으로 김치를 꺼내면 곰팡이가 생길 수 있고 김치도 빨리 시어진다. ● 이미 신 김치에 날달걀 2개를 김치 속에 묻어 두었다가 12시간쯤 지나 꺼내 먹으면 신맛이 훨씬 덜하다. 조개껍데기를 넣어 두어도 신맛이 줄어든다. ● 플라스틱 그릇에 밴 김치 냄새를 없애려면 푸른잎 채소를 잘게 썰어 담고 뚜껑을 덮어 하루쯤 둔다.
김치가 빨리 시지 않게 하는 법..	오래 두었다가 먹는 김장 김치는 황석어젓을 사용하여 담그면 색이 변하지 않고 시어지는 속도가 느리다.
당근을 양념으로 쓰는 방법..	당근은 배추나 무에 함유된 비타민 C를 파괴하는 작용을 하므로, 김칫소에 무와 당근을 함께 넣고 싶다면 무에 식초나 고춧가루를 뿌려 30분 정도 두었다가 섞어 주면 된다.
삼삼한 물김치 담그는 법..	물김치나 나박김치는 무와 배추를 주재료로 해서 국물을 넉넉하게 부어 맵지 않고 삼삼하게 담가 먹는 김치다. 김칫거리가 짜게 절여졌다고 해서 김치국물을 맹물로 붓는다거나, 김칫거리는 절이지 않고 국물만 짜게 붓는 것은 김치가 무르는 원인이 된다. 배추나 무 등의 주재료와 국물에 각각 간을 해야 제맛이 난다. 양념은 채 썰어서 면주머니에 넣어야 탁해지지 않는다. 파에서 진이 나오면 헹구어 넣는다.

식품의 중량과 목측량

〈표9〉 조미식품의 중량(g)

식품명	1작은술 (5cc)	1큰술 (15cc)	1컵 (200cc)
물	5.0	15.0	200
간장	5.7	17.0	230
식초	5.0	15.0	200
술	5.0	15.0	200
새우젓	6.0	18.0	240
멸치젓	5.0	15.0	200
멸치액젓	6.0	18.0	240
까나리액젓	6.0	18.0	240
참기름	3.5	12.8	190
고추장	5.7	17.2	260
꿀·물엿·조청	6.0	18.0	292
굵은 소금(천일염)	4.0	12.0	150
가는 소금	3.0	10.0	150
설탕	4.2	12.5	150
밀가루	3.0	8.0	105
녹말가루	3.0	7.2	110
고춧가루	2.0	6.0	80
통깨	3.0	7.0	90
깨소금(통깨 빻은 것)	3.0	8.0	120
화학 조미료	3.5	10.5	140
마늘 간 것	-	-	110
생강 간 것	-	-	115
파 다진 것	3.0	9.0	120
마늘 다진 것	3.0	9.0	120
생강 다진 것	3.0	9.0	120
양파 간 것	6.0	15.0	200
배 간 것	6.0	15.0	200
홍고추 간 것	6.0	15.0	200
찹쌀풀	5.0	15.0	200
매실청	6.0	18.0	240

〈표10〉 식품의 목측량

식품명	계량	무게
배추	1통	2.5~3kg
양배추	1통	1.8kg
무	1개	1.2kg
동치미 무	1개	1kg
총각무(잎 포함)	1단	2kg
열무	1단	1.7kg
당근	1개	160g
청오이	1개	250g
가지	1개	160g
양파	1개	200g
애호박	1개	250g
단호박	1개	1kg
늙은 호박	1통	3kg
풋고추·홍고추	1개	10g
건고추	1개	4g
파프리카	1개	100g
피망	1개	80g
대파	1단	800g
대파	1뿌리	80g
쪽파	1개	400g
쪽파	1뿌리	10g
마늘 간 것	1개	4g
마늘 간 것	1줌	40g
생강 간 것	1톨	10g
생강 간 것	1덩이	50g
갓	1개	1kg
미나리	1개	300g
달래	1개	80g
부추	1개	800g
시금치	1개	450g
깻잎	100장	180g
감자(계란 크기)	1개	120g
우엉	1뿌리	400g

식품명	계량	무게
연근	1뿌리	170g
두릅	5개	120g
더덕·도라지	5개	100g
더덕·도라지	1뿌리	20g
석이(마른 것)	5장	2g
표고(마른 것)	1개	5g
배	1개	500g
사과	1개	300g
레몬	1개	150g
유자	1컵	110g
대추	1컵	70g
구기자	1컵	70g
오미자	1컵	40g
잣	1컵	140g
잣가루	1컵	90g
은행(껍질 깐 것)	1컵	120g
쌀	1컵	160g
쌀가루	1컵	100g
찹쌀가루	1컵	100g
콩가루(볶은 것)	1컵	85g
메줏가루	1컵	80g
엿기름가루	1컵	115g
고춧가루	1컵	80g
고운 고춧가루	1컵	100g
들깨	1컵	110g
참깨	1컵	120g
새우젓	1컵	240g
멸치젓	1컵	200g
낙지	1마리	200g
새우살	1컵	120g
굴	1컵	200g
다시마(마른 것)	20cm	20g
전복(껍질째)	1개	100g

제3장

김치 담그기

사계절김치
즉석김치
별미김치
약선김치

사계절 사시사철 맛을 내는 사계절 김치

전라도식 통배추김치

재료

절이기
배추 2포기(6kg)
천일염 4컵(600g)
물 3ℓ

양념
무 1/2개(600g)
사과 1개(200g)
미나리 20g
갓 100g(한 줌)
쪽파 100g(1/4단)
청각(마른 것) 60g
밤 5알
굴 1컵(200g)
생새우 1컵
생강 30g
마늘 80g
고춧가루 3컵(240g)
새우젓 1/2컵(120g)
멸치젓 2컵(400g)
갈치속젓 1/2컵(100g)
찹쌀풀 2컵(찹쌀가루 4큰술 + 물 3컵)
통깨 2큰술
소금 2큰술

담그기

1. 배추는 겉잎을 떼고 뿌리를 잘라 낸 뒤 뿌리 쪽에 1/3 정도 칼집을 내어 손으로 쪼갠다.
2. 천일염 1/2컵을 물에 풀어 소금물을 만들어 배추를 담갔다가 건져서 줄기 사이사이에 남은 소금을 뿌려 8~10시간(겨울철) 정도 절인다. 중간에 배추 위아래를 바꾸어 한 번 뒤집어 준 뒤 흐르는 물에 세 번 헹구어 소쿠리에 엎어 물기를 뺀다.
3. 무는 적당한 굵기로 채 썰고, 사과는 껍질째 강판에 간다.
4. 미나리·갓·쪽파는 4~5cm로 자르고, 청각은 물에 불려 썰고, 밤은 얇게 저며 채 썬다.
5. 굴과 생새우는 엷은 소금물에 헹구어 건져서 생새우를 다져 놓는다.
6. 생강과 마늘, 새우젓 건더기를 다진다.
7. 미리 쑤어 식혀 놓은 찹쌀풀에 고춧가루·새우젓·멸치젓·갈치속젓을 넣어 불린다.
8. ⑦의 고춧가루 양념에 ③을 넣어 붉은 물을 들인 뒤 골고루 버무려서 소금으로 간한다.
9. ⑧에 ④,⑤를 넣고 버무린 뒤,⑥을 넣고 소금으로 간을 맞추어 김칫소를 만든다.
10. 배추 뒤쪽부터 잎의 갈피마다 골고루 소를 넣은 뒤, 맨 바깥잎으로 배추 전체를 감싸듯 둘러 김칫소가 빠지지 않게 한다. 배추의 단면이 위로 오도록 항아리에 차곡차곡 눌러 담고 우거지를 덮는다.

맛 포인트
전라도 김치는 무채를 많이 넣지 않고 붉은 갓이나 쪽파 등의 채소를 넉넉하게 넣는 것이 특징이다.

영양 성분
배추는 비타민 A·C와 식물섬유가 풍부하고 칼슘·철분·카로틴이 많이 들어 있어 비타민이 부족해지기 쉬운 겨울철의 영양 공급원이다. 비타민 A는 배추의 흰 부분에는 없고 녹색 부분에 많으므로 푸른 잎도 먹는 것이 좋다. 100g당 약 27kcal의 열량을 내며, 섬유질이 풍부하여 소화를 돕고 변비 개선 효과가 있다.

배추김치 담그는 법

재료 이용법

배추 고르기.. 배추는 가운데 부분을 잘라 혀에 댔을 때 단맛이 나는 것을 골라야 한다.

배추 절이기.. 여름에는 시간을 짧게 해서 짜게 절이고, 겨울에는 시간을 길게 해서 싱겁게 절인다. 겨울 배추를 절일 때 따뜻한 물에 소금을 풀어 배추를 담근 뒤 켜켜이 소금을 뿌리면 잘 절여진다.

날이 더울 때는 간이 짜다고 느껴지는 정도가 적당하고, 기온이 낮을 때는 담갔을 때 간이 맞으면 된다. 너무 짜면 사이사이에 무를 넣어 무가 소금의 간을 먹게 한다. 김치가 싱거우면 젓국이나 조선간장을 넣는다. 이때 소금을 넣으면 쓴맛이 진하게 난다.

고춧가루.. 김치 담글 때마다 마른 고추를 불려 믹서에 갈아서 쓰면 입자도 굵고 고추 향이 살아 있어 맛이 훨씬 좋다. 여름에는 싱싱한 홍고추를 갈아서 고춧가루와 섞어 쓰면 좋다. 고춧가루는 지나치게 고운 것보다는 약간 거친 것으로 사용해야 한다.

풀.. 찹쌀풀, 밀가루풀, 식은 밥 간 것, 보리쌀 삶은 물, 삶은 감자, 콩물 등을 사용한다. 열무김치를 비롯한 여름철 김치, 깍두기·알타리무김치·갓김치 등 물기가 적은 김치에는 약간 더 넣는다. 풀의 농도는 배추김치나 일반 김치일 경우 되게 쑤고, 물김치 종류에는 묽게 쑤는 것이 좋다.

마늘.. 지나치게 많이 넣으면 누린내가 난다. 단, 숙성시키지 않고 생김치로 먹을 때는 넉넉하게 넣어도 좋다.

생강.. 많이 넣으면 김치에서 쓴맛이 난다.

설탕.. 많이 넣으면 배추나 무가 무르므로 주재료의 1% 이내로 사용한다. 무가 맛이 없을 때는 인공 감미료나 그린스위트를 사용한다. 가을무는 단맛이 강하여 설탕을 넣지 않아도 되지만, 봄여름 무는 양념 전에 설탕과 소금으로 간하여 물을 버리고 고춧가루로 물들인 뒤 양념에 버무린다. 고운 고춧가루로 물들일 때는 많이 비벼야 무에 색이 잘 든다.

젓갈.. 생멸치젓은 위에 비늘과 기름기가 동동 뜨고 비린내가 나며 갈색이다. 끓인 젓갈은 위가 밝으며 새까맣고 맛이 맑다. 생젓을 많이 사용하면 감칠맛은 있으나 김치 색이 검어지고 빨리 시어지고 탁하다. 갈치속젓은 1년 삭힌 뒤 국물이 맑은 것을 사용하면 많이 사용해도 색이 검어지지 않는다.

배추김치 담그는 과정

[1단계] 배추 절이기

1 배추에 칼집 넣어 반 가르기
지저분한 배추 겉잎을 떼어내고 배추 길이의 2/3 깊이로 칼집을 넣어 반으로 쪼갠다.

2 배추 절이기
소금물에 배추를 적신 뒤에 배추 흰 줄기 사이에 소금을 뿌려 절인다.

3 절인 배추 뒤집어 놓기
배추를 절인 지 4~5시간 지나 반쯤 절여지면 위아래 위치를 바꾸어 놓는다.

4 헹구어 물기 빼기
배추를 헹구어 배추 속이 아래로 향하도록 소쿠리에 엎어서 1시간가량 두어 물기를 뺀다.

[2단계] 풀 쑤기, 맛국물 우리기

밀가루풀이나 찹쌀풀 등의 전분은 당화 작용으로 발효를 촉진하여 젖산균을 생성, 김치에 감칠맛을 더하고 깊고 시원한 맛을 낸다. 김치 종류에 따라 풀의 종류와 양 또한 달라진다. <u>김치 담글 때 물 대신 맛국물을 사용하면 김치 맛이 한결 풍부해진다. 맛국물 재료는 다시마, 무, 북어 대가리, 양파 등을 주로 쓴다.</u>

맛국물 우리기

[3단계] 고춧가루 불리기

식힌 찹쌀풀에 액젓과 고춧가루를 넣어 불린다. 고춧가루 빛깔을 좋게 하려면 김치 담그기 전날 따뜻한 물이나 찹쌀풀에 개어 불려서 사용한다. 무에 고춧가루를 넣고 버무려 붉은 물을 들이면 색이 고울 뿐만 아니라 양념도 잘 버무려지고 간을 맞추기도 쉽다.

[4단계] 양념 만들어 배추에 버무리기

1 부재료 준비하기
무를 채 썰고, 사과·미나리·갓·쪽파 등은 4~5cm 길이로 자르고, 밤은 얇게 저며 채 썬다.

2 마늘, 생강 다지기
생강과 마늘은 껍질을 벗겨서 다지고, 새우젓은 건더기만 건져 다진다.

3 양념 버무리기
고춧가루 양념을 넣어 붉은 물을 들인 뒤 골고루 버무려서 소금으로 부족한 간을 한다.

4 배추 속 넣기
잎을 하나씩 들추고 양념 속을 넣는다. 잎줄기가 넓은 배추 겉잎 쪽부터 넣어야 모양이 깔끔하다.

서울경기식 배추김치 사계절

재료

절이기
배추 6kg
소금물(천일염 600g + 절임물 3ℓ)

양념
무 300g
배 300g
갓 100g
쪽파 100g
대파 50g
미나리 70g
고춧가루 200g
마늘 100g
생강 20g
무(갈아서) 200g
새우젓 50g
황석어젓 50g
멸치액젓 150g
소금 적당량

맛국물
물 1컵
다시마 적당량

찹쌀풀
물 1.5컵(300㎖)
찹쌀가루 3큰술

담그기

1. 배추는 겉잎은 떼고 뿌리를 잘라 낸 뒤 뿌리 쪽에 1/3 정도 칼집을 내어 손으로 쪼갠다.
2. 천일염 1/2컵을 물에 풀어 소금물을 만들어 배추를 담갔다가 건져서 줄기 사이사이에 남은 소금을 뿌려 8~10시간(겨울철) 정도 절인다. 중간에 배추를 한두 번 뒤집어 준 뒤 흐르는 물에 3~4회 헹구어 소쿠리에 엎어 물기를 뺀다.
3. 찬물에 다시마를 넣고 끓이다가 끓어오르는 즉시 불을 끄고 20분가량 두었다가 다시마를 건져 내고 식힌다. 여기에 고춧가루를 넣어 불려 둔다.
4. 물에 찹쌀가루 3큰술을 풀어 중간불에서 2/3로 줄 때까지 풀을 쑤어 식힌다.
5. 무와 배는 2㎜ 두께로 채 썰고, 대파는 다진다.
6. 갓·쪽파·미나리를 4㎝ 길이로 썬다.
7. 마늘과 생강은 다지고, 무는 강판에 갈아 둔다.
8. 황석어젓과 새우젓은 건더기를 다져 둔다.
9. ④,⑤,⑦,⑧을 한데 섞어 골고루 버무린 뒤 ⑥을 넣고 가볍게 한 번 더 버무려 김칫소를 만든다. 부족한 간은 멸치액젓과 소금으로 한다.
10. ②의 배춧잎 사이에 소를 넣은 뒤 겉잎으로 전체를 돌려 감싸서 김치 통에 담는다.
11. 김치 통에 담을 때는 4/5 정도까지 채우고 눌러 공기를 빼고 배추 겉잎 절인 것으로 덮어 공기가 통하지 않게 한다.

맛 포인트
배추는 칼을 댄 부분부터 신선도가 떨어지므로 겉잎부터 한 장씩 뜯어 사용하는 것이 좋다. 겉잎에 비타민 C가 가장 많으므로 되도록 사용하자.

영양 성분
배추는 95% 이상이 수분으로, 칼로리가 낮고 식이섬유가 풍부해서 다이어트에 좋은 식재료이다. 영양소가 미량이지만 골고루 들어 있고, 나트륨을 배출하는 칼륨이 들어 있어 소금에 절였어도 과다 섭취로 이어지지 않는다.

묵은지 사계절

재료

절이기
배추 4포기(10kg)
소금물(천일염 7컵, 물 30컵(6ℓ))

양념
무 1/2개(500g)
붉은갓 300g
쪽파 200g
청각(마른 것) 10g
마늘 80g
생강 20g
고춧가루 6컵
맛국물 2컵
멸치액젓 5큰술
새우젓 5큰술
소금 2/3컵

맛국물
(물 2ℓ 기준. 끓이는 시간 20분)
다시마 사방 10㎝
양파 1/2개
마늘 8쪽
북어 대가리 1개
대파 1뿌리
무 60g

담그기

1 배추는 약간 작고 두께가 얇은 것을 골라 소금의 반 정도를 물에 녹여 소금물을 만들어 담그되, 나머지는 배추 머리에 윗소금으로 뿌려 아래를 뒤집어 가며 10~12시간 충분히 절인다.
2 절인 배추는 3~4회 헹구어 2~3시간가량 물기를 뺀다.
3 무는 껍질째 믹서에 갈아 즙만 받는다.
4 손질한 갓과 쪽파는 3㎝ 길이로 자른다.
5 청각은 물에 불려서 주물러 가며 깨끗이 씻어 물기를 빼고 다지듯 작게 썬다.
6 마늘·생강은 다진다.
7 맛국물과 ③의 무즙, 고춧가루를 섞어 20~30분가량 불린다.
8 ⑦에 ⑥과 젓갈을 넣고 섞은 뒤, ④, ⑤를 넣고 소금으로 짭짤하게 간한다.
9 ②의 배추 사이사이에 소를 넣고 겉잎으로 감싼다.
10 완성된 김치를 김치 통의 80% 정도까지만 차곡차곡 넣은 뒤 꾹꾹 눌러 공기를 뺀다. 절인 배추 우거지를 덮고 윗소금을 뿌린 뒤 바로 냉장고에 넣는다.

맛 포인트
묵은지가 빨리 시어지지 않게 하려면 젓갈은 끓이지 않고 그대로 사용하고, 멸치젓이나 갈치젓 등의 진한 젓국보다는 새우젓을 넣되 적게 사용한다. 부족한 간은 소금이나 조선간장으로 맞춘다. 향신채와 부재료를 적게 넣는다. 설탕이나 풀 종류, 사과나 배 등의 과일, 양파, 물엿, 꿀 등은 넣지 않는다. 갓·연잎·대나무 잎을 덮개로 쓰면 김치가 덜 시어지고, 골마지가 생기지 않는다.

갈치통배추김치 사계절

재료

절이기
배추 5kg
천일염 500g

양념
무 1/2개
쪽파 50g
갓 100g
풀치(실갈치) 500g
맛국물 1컵
찹쌀풀 1컵
고춧가루 1/2컵
마른고추 100g
마늘 100g
생강 20g
생새우·새우젓·갈치속젓·멸치액젓 100g씩
검은깨 1큰술

영양 성분
배추에는 비타민, 칼륨, 인, 아연, 식이섬유, 피토케미컬phytochemical이 풍부하다. 황 성분의 일종인 브라시닌은 몸속에서 발암 물질이 만들어지는 것을 억제한다.

담그기

1. 배추는 충분히 절여 씻어서 3시간가량 물을 뺀다.
2. 무는 굵게 채 썰어 고춧가루를 넣고 버무려 붉은 물을 들인다.
3. 손질한 쪽파와 갓은 물기를 빼고 4㎝ 길이로 썬다.
4. 풀치를 호박잎 뒷면으로 문질러 은비늘을 벗기고 깨끗이 씻어 머리와 꼬리를 잘라 물 2컵에 팔팔 끓여 식혀 국물을 받아 둔다. 몸통은 손가락 굵기로 썬다.
5. 생새우·새우젓·갈치속젓을 곱게 다져서 멸치액젓에 섞어 둔다.
6. 마른고추는 꼭지와 씨를 제거한 뒤 물에 씻어 20분쯤 불러서 믹서에 물을 조금 넣고 간다.
7. ⑤와 ⑥을 섞은 뒤 ②, ③, ④를 넣어 다시 잘 섞은 뒤 소금으로 간을 맞춘다.
8. ①의 배춧잎 사이사이에 소를 넣고 겉잎으로 전체를 감싼다. 배추 단면이 위로 향하게 하여 항아리에 차곡차곡 쌓아 담는다.
9. 실온에서 하루 동안 숙성시킨 뒤 냉장 보관하여 2주 뒤부터 먹는다.

맛 포인트
김치에는 어린 갈치인 풀치를 써야 가시가 단단하지 않고 김치가 숙성되면 부드러워진다. 표피에 묻어 있는 은백색의 색소는 소화도 안 되고 영양 가치도 없으므로 긁어 낸다.

명태김치 사계절

재료

절이기
배추 5kg
천일염 500g

양념
무 1.5kg
코다리 2마리
맛국물 2컵(조릿대 2kg + 물 2.5컵)
고춧가루 4컵
새우젓 1/2컵
멸치액젓 1/2컵
마늘 100g
생강 30g
갓 100g
쪽파 100g
미나리 100g
찹쌀풀 2컵

담그기

1. 배추를 이등분하여 소금에 절여 씻어서 소쿠리에 밭쳐 물기를 뺀다.
2. 조릿대를 덖어서 물에 넣고 푹 끓여 맛국물을 만들어 식혀 고춧가루를 불린다.
3. 무를 이등분하여 반은 채 썰고 반은 큼직하게 썰어 둔다.
4. 코다리는 머리를 잘라 내고 몸통을 3~4㎝ 길이로 잘라 씻어 놓는다.
5. 마늘과 생강은 다지고, 갓·쪽파·미나리도 3~4㎝ 길이로 썰어 놓는다.
6. ③의 무채에 ⑤를 넣고 골고루 섞어 양념소를 만든다.
7. ⑥에 ④의 코다리를 넣고 한 번 더 버무린다.
8. ①의 배추 사이사이에 ⑦을 넣는다.
9. 김치 통에 ③의 무 조각과 코다리 머리를 깔고 ⑧을 넣고 다시 위에 무 조각을 놓는 순으로 김치를 꾹꾹 눌러 담고 우거지를 덮어 서늘한 곳에서 숙성시킨다.

맛 포인트
코다리는 명태를 꾸덕꾸덕 말린 것으로, 생태나 북어에 비해 가격이 저렴해 구이나 조림 재료로 많이 쓴다. 말리는 과정에서 단백질이 2배 이상 늘어나 고단백, 저지방, 저열량 식품이 된다. 칼슘·인·철 등이 고루 들어 있다. 간을 보호하는 메티오닌, 아미노산이 풍부하여 해장국 재료로 좋다. 몸통이 깨끗하고 색이 고운 것이 좋다. 조릿대 잎을 그늘에 말렸다가 기름기 없는 팬에 살짝 덖어서 푹 끓여 맛국물로 쓴다.

백김치 사계절

재료

절이기
배추 2포기(6kg)
소금물(천일염 2컵 + 물 15컵)

김치국물
물 5컵
소금 2큰술

양념
무 1/2개(600g)
쪽파 100g
미나리 80g(1/4단)
밤 5개
대추 5개
마늘 80g
생강 20g
석이(불린 것) 2장
표고(생것 또는 불린 것) 2장
홍고추 2개
실고추 약간
배 1개
잣 1큰술

담그기

1. 배추는 반으로 갈라 소금물에 3~4시간 절여 물기를 뺀다.
2. 물 5컵에 소금 2큰술을 넣고 팔팔 끓여서 식혀 김치국물을 만들어 둔다.
3. 무는 곱게 채 썬다.
4. 쪽파와 미나리는 3~4cm 길이로 썬다.
5. 밤은 납작하게 편으로 썬다.
6. 대추는 돌려 깎아 씨를 빼고 채 썬다.
7. 마늘·생강·석이·표고·홍고추는 채 썬다.
8. 실고추는 1cm 길이로 잘라 놓는다.
9. 배는 껍질째 씻어 사등분한다.
10. ③의 무채에 ⑧의 실고추를 넣어 문질러 붉은색이 약간 들게 한 뒤, ④, ⑤, ⑥, ⑦, ⑧, 잣을 넣고 가볍게 버무려 양념소를 만든다.
11. ①의 배춧잎 사이사이에 ⑩의 양념소를 골고루 넣은 뒤 소가 빠져나오지 않도록 겉잎으로 감싼다.
12. 항아리에 ⑨의 배를 넣은 뒤 ⑪을 차곡차곡 담고 절인 우거지로 덮어서 돌로 누른다.
13. ⑫에 ②의 김치국물을 부어 숙성시킨다. 국물에 대추를 띄운다.

맛 포인트
추운 이북 지방에서 즐겨 먹는 백김치는 고춧가루를 쓰지 않고 여러 가지 고명을 넣고 국물을 듬뿍 부어 숙성시킨 깨끗하고 시원한 김치다. 영양도 풍부하고, 떡국이나 만두, 국수와도 잘 어울린다. 맵고 짜지 않은 김치는 쉽게 변질되므로 꺼낸 뒤에는 우거지를 꼭 덮어 두어야 한다.

영양 성분
위염·위궤양·십이지궤양 등이 있거나 자극적인 식사를 하지 못하는 환자들에게 권한다. 체질적으로 열이 많은 사람에게 좋으며, 어린이나 노약자, 외국인이 먹기에 좋다.

해물보쌈김치 사계절

재료

절이기
배추 2포기(6kg)
소금물(소금 4컵 + 물 15컵)

양념
무 1개
배 1/2개
청각(마른 것) 10g
생새우 2/3컵
낙지 1마리(200g)
밤 5개
대파·미나리·갓 100g씩
마늘 80g
생강 10g
새우젓 1컵
고춧가루 1컵
소금 적당량
찹쌀풀 1/2컵

고명
대추 5개씩
표고(불린 것) 2장
석이(불린 것) 2장
실고추 약간
잣 1큰술

김치국물
소금 1/3컵 + 물 10컵

맛 포인트

김치국물은 새우젓국과 소금을 절반씩 섞어서 사용하거나 양지머리 육수를 넣기도 한다. 양지머리를 삶을 때는 핏물을 제거하여 끓는 물에 데친 뒤 찬물에 담가 끓인다. 끓을 때 떠오르는 이물질을 걷어 내고, 국물이 충분히 우러나도록 끓여 식힌 다음 기름기를 걷어 내고 넣으면 국물 맛이 깊어진다. 맨 위에 절인 배춧잎을 덮어 공기와의 접촉을 차단하면 끝까지 김치 맛이 변하지 않아 맛있게 먹을 수 있다.

영양 성분

보쌈김치는 개성 지방의 향토 김치이다. 과거에는 이바지 음식으로 장만해 갈 정도로 고급스럽고 사치스러운 김치였다. 보쌈김치에 들어가는 낙지, 생새우 등의 해물은 채소만으로는 부족해지기 쉬운 단백질과 칼슘을 보충해 준다. 특히 낙지는 피를 보충하는 비타민 B12와 철분을 함유하고 있어 여성의 빈혈이나 폐경기와 함께 오는 갱년기 장애를 개선하는 데 도움이 된다.

담그기

1 배추는 6~8시간 소금물에 절였다가 깨끗이 씻어 채반에 받쳐 물기를 뺀다.

2 무를 이등분하여 그중 한 개를 가로 3cm, 세로 4cm, 두께 0.5cm로 나박썰기하여 살짝 절인다. 배도 무와 같은 크기로 썬다.

3 ①의 배추를 푸른 겉잎과 속대로 구분한 뒤 겉잎은 두고 속대만 4cm 길이로 썬다.

4 청각은 물에 담가 불려서 씻고, 생새우는 껍질을 벗겨 손질하고, 낙지는 깨끗이 손질하여 4cm 길이로 썬다.

5 밤은 껍질을 벗겨 납작하게 편으로 썬다.

6 대파는 곱게 다지고, 미나리와 갓은 4cm 길이로 자른다.

7 마늘·생강·새우젓 건더기는 곱게 다진다.

8 대추는 돌려깎아 씨를 빼고 채 썰고, 표고·석이도 채 썰고, 실고추는 3cm 길이로 자른다.

9 ②의 무에 준비한 고춧가루의 반을 넣어 붉게 물들인 다음, ③의 배추속대와 ⑦을 넣고 버무린다. 다시 파·미나리·갓·청각·배·밤·새우젓·찹쌀풀을 넣고 버무려 소를 만든다.

10 ⑨에 ④의 새우와 낙지, 남은 고춧가루를 넣고 버무린 뒤 소금으로 간을 맞춘다.

11 지름 8cm 정도 크기의 보시기에 ③에서 남겨 둔 푸른 배춧잎 2~3장을 잎이 바깥쪽으로 펼쳐지게 놓은 뒤 ⑩의 김칫소를 한 줌 올린다.

12 ⑪의 한가운데에 ⑧의 고명을 얹고 안쪽의 잎부터 펴서 속이 흩어지지 않도록 꼭 싸서 항아리에 담는다.

13 2~3일 정도 지나 김치가 내려앉으면 김치국물을 삼삼하게 만들어 붓고 익힌다.

동치미 사계절

재료

절이기
동치미무 4개(4kg)
소금물(천일염 1/3컵 + 물 5컵)

양념
쪽파 50g
갓 200g
홍고추 2개
삭힌 고추 4개
청각(마른 것) 30g
마늘 80g
생강 30g
대추 3~4개
배 1개
대파(흰부분) 2뿌리

동치미국물
새우젓 1/2컵
소금물(천일염 2큰술 + 물 10컵)(농도 3%)

담그기

1. 작고 단단한 동치미무를 골라 껍질째 솔로 말끔히 씻어 7~8시간 정도 소금물에 절여 씻어서 물기를 빼고 하나씩 무청으로 돌돌 말아 묶는다.
2. 국물용 소금물은 하루 전에 미리 소금을 물에 풀어서 불순물을 가라앉히고 윗물만 따라 낸 뒤 새우젓을 넣고 팔팔 끓여 식혀서 면보에 걸러 둔다.
3. 손질한 쪽파와 갓을 천일염을 뿌려 살짝 절인다. 쪽파는 2~3개씩 돌돌 감아 묶는다.
4. 홍고추는 이쑤시개로 쿡쿡 찔러 구멍을 내고, 삭힌 고추는 재빨리 씻어서 물기를 닦는다.
5. 청각은 물에 불려서 깨끗이 씻어 듬성듬성 썬다.
6. 마늘과 생강을 편으로 썰어 청각과 함께 삼베 주머니에 넣고 묶는다.
7. 대추는 깨끗이 씻어 놓고, 배는 육등분한다.
8. 항아리 바닥에 삼베 주머니를 넣고, ①의 무, ③의 쪽파와 갓, ④의 고추, ⑦의 배와 대추를 중간중간 놓는다.
9. ⑧에 ②의 동치미국물을 붓는다.
10. 맨 위에 대파를 올리고 넓고 편편한 돌을 올려 서늘한 곳에서 서서히 익힌다.

맛 포인트

무는 담그는 김치 종류에 따라 적당한 것을 고르는 것이 중요하다. 크고 단단하며 물이 많이 나오는 무는 김칫소와 깍두기용으로, 윗부분이 파랗지 않고 알이 작은 재래종은 동치미무로 이용한다. 동치미국물의 소금물 농도는 약 3%로, 무가 많을수록 맛있으며, 육수와 함께 섞어 냉면 국물로 이용하기도 한다.

영양 성분

무에는 비타민 C가 사과의 10에 달한다. 소화를 돕는 디아스타아제Diastase라는 전분 분해 효소가 들어 있어서 밥이나 국수 등의 탄수화물을 먹을 때 함께 먹으면 소화가 잘된다. 식물섬유도 풍부하여 장 속의 노폐물을 청소해 준다.

나박김치 사계절

재료

절이기
- 배추속대 300g
- 무 1/2개(800g)
- 소금물(천일염 1/2컵 + 물 3컵)

양념
- 쪽파 100g
- 미나리 100g
- 마늘 60g
- 생강 15g
- 고춧가루 1/2컵
- 실고추 약간
- 김치국물 : 소금 1/2컵 + 물 20컵(생수 또는 끓여서 식힌 물)

담그기

1. 배추속대의 하얀 잎을 사방 3cm 크기로 썰고, 무도 배추와 같은 크기로(두께는 0.3cm) 썰어서 소금물에 30분 정도 절인다. 절여 놓은 무와 배추를 물에 가볍게 헹구어 채반에 건져 물기를 뺀다.
2. 쪽파는 3cm 길이로 썬다.
3. 미나리도 3cm 길이로 썰어서 냉장 보관해 둔다.
4. 마늘과 생강은 채 썬다.
5. 고춧가루를 면보에 싸서 ①의 무에 문질러 붉은 물을 들인다.
6. ⑤의 고춧가루를 끓여서 식힌 물에 넣고 조물조물 주물러 고춧물을 만든다.
7. ⑥에 ①, ②, ④를 넣고 소금으로 간한다.
8. 하루 정도 실온에서 익힌 뒤 ③의 미나리를 넣고 냉장 보관해 두고 먹는다. 미나리를 처음부터 넣으면 색이 누렇게 변하고 향도 없어지므로 김치를 숙성시킨 뒤에 냉장 보관할 때 넣는다.

맛 포인트

나박김치 국물을 찬물로 하면 재료의 날 냄새가 나므로 끓여서 미지근하게 식혀 사용한다. 미나리는 김치가 거의 익을 무렵에 넣어야 색이 곱고 향이 유지된다.

영양 성분

무의 뿌리 부분에는 아밀라아제Amylase · 비타민 C · 칼슘 · 아연, 암을 억제하는 불용성식물성 리그닌lignin도 풍부하게 들어 있다. 무의 소화 효소인 아밀라아제는 시간이 흐를수록 줄어듦으로 갈아서 먹을 때는 먹기 직전에 가는 것이 좋다.

섞박지 사계절

재료

절이기
무 4개(5kg)
천일염 2컵

양념
쪽파 100g
갓 200g
미나리 50g
마늘 80g
생강 20g
굴 1컵
실고추 1큰술
고춧가루 1.5컵
멸치액젓 1/2컵
황석어젓 2큰술
새우젓 1/2컵
찹쌀풀 1컵(찹쌀가루 1큰술 + 물 1컵)
소금 약간

담그기

1 배추 우거지를 소금에 절여 숨이 죽으면 헹구어 채반에 건져 물기를 뺀다.
2 무는 씻어서 가로와 세로 각 4cm, 두께 1cm 크기로 자른다.
3 쪽파·갓·미나리는 4cm 길이로 썬다.
4 마늘과 생강은 다진다.
5 굴은 소금물에 흔들어 씻어 놓는다.
6 실고추를 짧게 뜯어 놓는다.
7 ②의 무에 실고추와 고춧가루를 넣고 문질러 색을 낸다.
8 ⑦에 ③, ④, ⑤, 멸치액젓, 황석어젓, 새우젓, 찹쌀풀을 넣고 버무린다.
9 ⑧을 김치 통에 꼭꼭 눌러 담은 뒤, ①의 배추 우거지로 그릇에 묻은 양념을 깨끗이 닦은 뒤 소금을 조금 넣고 버무려서 섞박지를 덮는다. 실온에 두어 맛을 들인 뒤 냉장 보관한다.

맛 포인트
섞박지는 배추와 무를 섞어서 담근 막김치의 일종으로, 기호에 따라 굴·생새우·낙지·생태 등의 해산물을 넣어 담그기도 한다. 통김치가 익기 전에 먹는 지레김치로 이용한다.

영양 성분
무 껍질에는 비타민 C가 무의 2배나 들어 있으므로 가능하면 껍질째 수세미로 문질러 씻어서 다 먹는 것이 좋다. 무의 매운맛은 항암 효과가 있으며, 잎에는 무기질과 비타민이 많고, 골다공증 예방에 필요한 영양소를 고루 갖추고 있다.

깍두기 사계절

재료

절이기
- 무 2개
- 천일염 1/2컵
- 물 5컵

양념
- 쪽파 100g
- 미나리 50g
- 대파 2뿌리
- 고춧가루 1/2컵
- 다진 마늘 40g
- 다진 생강 5g
- 새우젓 2큰술
- 찹쌀풀 1/2컵(찹쌀가루 2큰술 + 물 1컵)
- 설탕 1큰술

담그기

1. 무는 깨끗이 씻어서 2~3㎝ 크기의 정육면체 모양으로 깍둑썰기한 뒤 소금에 30분가량 가볍게 절였다가 헹구어 채반에 건져 물기를 뺀다.
2. 찹쌀풀을 쑤어 식혀 두고, 새우젓은 건더기를 곱게 다져 둔다.
3. 쪽파와 미나리는 3㎝ 크기로 썰고, 대파는 흰 부분을 어슷 썬다.
4. 고춧가루에 물 1컵을 부어 불린다.
5. ①의 무에 ③의 고춧가루를 절반만 넣고 비벼 붉은 물을 들인다.
6. ⑤에 마늘 · 생강 · 새우젓 · 찹쌀풀을 골고루 섞은 뒤 ③을 넣고 소금과 설탕으로 간한다.
7. 바람이 잘 통하는 실온에서 1~2일 정도 익힌 뒤 냉장고에 넣어 두고 먹는다.

맛 포인트
가을무는 단맛이 많아 설탕을 넣지 않아도 된다. 봄무와 여름무는 단맛이 적거나 매운맛이 나므로 절일 때 설탕을 먼저 넣어 무에 단맛이 들게 한 뒤 소금에 절이고, 양념할 때도 설탕을 조금 넣는다.

무보쌈김치 사계절

재료

절이기
동치미무 5개(5kg)
천일염 2컵(300g)
넓은 배춧잎 10장(천일염 1/3컵 + 물 2컵)

양념
속배추 100g
대추 5개
밤 5개
배 1개
마늘 40g
생강 10g
쪽파 100g
실고추 1큰술
새우젓(다진 것) 3큰술
설탕 1큰술
김치국물(소금 2큰술 + 물 5컵)

담그기

1. 손질한 무를 그릇 역할을 할 수 있도록 위에서 1/3(아래에서 2/3)에 해당하는 부분을 자른 뒤 속을 숟가락으로 파내고 소금을 뿌려 2시간 정도 절인다.
2. 넓은 배춧잎과 속배추는 소금에 3~4시간 절여서 흐르는 물에 3~4회 씻어 물기를 뺀다.
3. 속배추만 가늘게 채 썰어 1컵 분량을 만든다.
4. 대추는 돌려 깎아 채 썰고, 밤과 배도 채 썬다. 마늘과 생강은 다진다.
5. 쪽파는 흰뿌리 부분을 3㎝ 길이로 잘라 채 썬다.
6. ③, ④, 실고추, 새우젓을 함께 버무린 뒤에 ⑤와 설탕을 넣고 한 번 더 섞는다.
7. ①의 무에 ⑥의 소를 넣고 잘라 낸 1/3 크기의 무로 뚜껑을 덮은 뒤 ②의 배춧잎으로 소가 빠지지 않도록 감싼다.
8. 통에 담아 하루 정도 실온에 두었다가 소금으로 간을 맞춘 김치국물을 부어 일주일 정도 익힌 뒤 냉장 보관해 두고 먹는다.

맛 포인트
무의 시원한 맛과 속을 파낸 무가 그릇 역할을 하는 이북식 김치이다. 무와 배추는 먹기 좋은 크기로 썰어 상에 낸다.

총각김치 사계절

재료

절이기
총각무 2kg(1단)
소금물(천일염 1컵 + 물 5컵)

양념
붉은 갓 250g
쪽파 50g
고춧가루 1컵
맛국물 1컵
찹쌀풀 1컵(찹쌀가루 2큰술 + 물 1.5컵)
마늘 60g
생강 10g
사과 1/2개
새우젓 1/4컵
멸치액젓 1/2컵
소금 약간

맛 포인트
생멸치젓국은 처음에 비린내가 심하지만 발효 과정에서 감칠맛이 생긴다. 늦게 먹는 김치에는 멸치젓 대신 새우젓이나 황석어젓을 쓰면 색도 변하지 않고 빨리 시어지지 않는다.

담그기

1 무는 잎이 붙어 있는 상태에서 무의 잔털을 긁어 내고 수세미로 살살 문질러 씻어 이등분이나 사등분한다. 소금물에 2시간가량 절여서 헹구어 물기를 뺀다.
2 손질한 갓과 쪽파를 살짝 절였다가 헹구어 물기를 빼 둔다.
3 고춧가루는 미리 맛국물에 불리고, 찹쌀풀은 쑤어 식히고, 마늘·생강·사과는 갈아 놓는다.
4 ③에 새우젓과 멸치젓을 섞어 양념을 만든다.
5 ①, ②의 갓, ④를 한데 섞어 골고루 버무린 뒤, ②의 쪽파를 넣고 한 번 더 버무려 무 1개당 쪽파 2~3개를 무청으로 감아 항아리에 차곡차곡 눌러 담는다.
6 양념 버무린 그릇에 물을 약간 넣어 남아 있는 양념을 헹구어 항아리 가장자리에 붓고 실온에서 3~4일 정도 익혀 냉장고에 보관해 두고 먹는다.

총각무동치미 사계절

재료

절이기
총각무 1단(2kg)
천일염 1컵(150g)

양념
푸른 갓 250g(1/4단)
쪽파 100g
마늘 80g
생강 30g
배 1개
대추 5개
삭힌 풋고추 1컵(200g)

동치미 국물
고춧가루 1/2컵
소금 1/2컵
끓여서 식힌 물 10컵

담그기

1 손질한 총각무에 소금을 뿌리고 물을 흩뿌려 절였다가 씻어서 채반에 건진다.
2 갓을 먼저 절이되, 중간 정도 절여지면 쪽파를 함께 절여 물기를 뺀다.
3 마늘·생강은 곱게 채 썰어 주머니에 담아 묶어서 김치 통 바닥에 넣는다.
4 배는 껍질째 사등분하여 심을 도려내고, 대추는 젖은 행주로 닦는다.
5 총각무에 쪽파 하나를 무청으로 둘둘 말아 김치 통에 차곡차곡 담는다.
6 ④와 삭힌 풋고추를 ⑤의 김치 통에 넣고 갓으로 덮은 뒤 누름돌로 눌러 둔다.
7 고춧가루를 거즈에 싸서 끓여서 식힌 물에 넣고 주물러 고춧물을 낸 뒤 소금으로 간을 맞추어 동치미 국물을 만든다. 새우젓으로 간을 맞춰도 된다.
8 ⑥에 ⑦의 김치국물을 부어 숙성시킨다. 실온에서 3일간 두었다가 냉장 보관한다.

맛 포인트

국물을 따뜻하게 부으면 시원한 탄산미가 더해진다. 전라남도식으로 동치미 위에 댓잎을 덮고 볶은 소금을 쓰면 무의 쓴맛이 없어지고 골마지도 끼지 않는다. 새우젓으로 간을 맞추기도 한다. 처음에 약간 짭짤해야 익었을 때 간이 맞는다.

알타리무동치미 사계절

재료

알타리 1단(2.5kg)
천일염 250g
양념
쪽파 100g
갓 200g
삭힌 풋고추 200g
배 1개
마늘 30g
생강 10g
생수 2ℓ
천일염 1/2컵
동치미국물(생수 10컵 + 소금 1/2컵)

맛 포인트

동치미용 알타리무는 솔로 씻어 통째로 절이는 것이 좋다. 절여서 물기를 빼고 칼집을 넣어야 맛을 지킬 수 있다. 김치국물에 생수 대신 다시마 맛국물을 붓기도 한다.

담그기

1. 알타리무는 억센 이파리를 떼어 내고 뿌리의 잔털을 정리한 뒤 껍질을 벗기지 않은 채로 소금에 굴려 절인다.
2. 쪽파와 갓을 다듬어 알타리가 어느 정도 절여지면 함께 절인다.
3. 알타리무가 절여지면 2~3회 헹구어 소쿠리에 받쳐 물기를 뺀 뒤, 무청은 말아서 타래를 짓고, 쪽파와 갓도 2~3뿌리씩 서로 엉기지 않게 묶는다.
4. 마늘과 생강은 편으로 썰어 주머니에 담아 놓는다.
5. 국물용 소금물은 하루 전에 생수에 소금을 미리 풀어 불순물을 가라앉히고 윗물만 따라 둔다.
6. 배를 강판에 갈아 즙만 받아 둔 뒤 ⑤에 섞어 동치미국물을 만든다.
7. ③, ④, 삭힌 풋고추를 단지에 담고 ⑥을 부어 무거운 것으로 눌러 실온에서 이틀 정도 지난 후 냉장 보관하여 먹는다.

알타리무장김치 사계절

재료

절이기
알타리 3kg
천일염 1/2컵
물 1ℓ

양념
쪽파 50g
마늘 40g
생강 10g
청각(마른 것) 10g
배 1/2개
새우젓 50g
찹쌀풀 1/2컵
삭힌 고추(청양고추) 100g
대추 5알

간장물
다시마 맛국물(물 3ℓ + 고추씨 1/2컵 + 다시마 5×10㎝ + 황태 1마리)
국간장 1/2컵
매실청 1/2컵
소금 약간

담그기

1 손질한 알타리무를 소금물에 2시간가량 절여서 헹구어 물기를 거둔다.
2 쪽파도 소금물에 살짝 절여서 씻어 물기를 거둔다.
3 마늘과 생강은 편으로 썰고, 불려 씻은 청각과 함께 면주머니에 넣어 묶어 둔다.
4 배는 껍질을 벗겨 이등분한다.
5 찹쌀풀에 새우젓을 넣고 끓여서 식혀 체에 밭쳐 국물만 받아 둔다.
6 미리 만들어 식혀 걸러 둔 맛국물에 국간장과 매실청, 소금을 넣어 간장물을 만든다. 여기에 ⑤를 섞는다.
7 김치 통 밑바닥에 ③,④를 넣고, 그 위에 ①,②를 넣는다.
8 ⑦에 ⑥의 김치국물을 부은 뒤 간은 짭짤한 정도로 맞추고 삭힌 고추와 대추를 띄운다. 실온에 하루 정도 둔 뒤 냉장 보관하여 10일 정도 지나면 먹는다.

영양 성분
무에는 칼륨과 비타민 A · C가 풍부하다. 무를 날것으로 먹으면 약간 매운맛이 나는데, 이것은 가래를 삭이고 기침을 없애는 데 도움을 준다. 무를 꾸준히 먹으면 소화가 잘되고 위장이 튼튼해진다.

위 : 열무물김치
아래 : 열무김치

열무김치

재료

절이기
열무 2kg
소금물(천일염 1컵 + 물 5컵)
양념
쪽파 100g
홍고추 4개
양파 1개
마늘 40g
생강 10g
밀가루풀(밀가루 1큰술 + 물 1.5컵)
고춧가루 60g
새우젓 1/2컵
설탕 1큰술
소금 약간
맛국물 1.5컵

담그기

1. 열무 뿌리 잔털을 제거하여 껍질을 긁어낸 뒤 굵은 것은 반으로 가르고, 가는 것은 그대로 사용한다. 열무를 먹기 좋은 크기로 잘라 씻어 소금에 절였다가 찬물에 헹구어 채반에 건져 둔다. 기호에 따라 열무를 자르지 않아도 된다.
2. 손질한 쪽파는 5~6cm 길이로 자른다.
3. 홍고추는 꼭지를 떼어 그중 2개를 어슷 썰고, 양파도 이등분하여 반만 채 썬다.
4. 남은 홍고추 2개를 적당한 크기로 잘라 씨를 빼고 물에 담갔다가 건져서 마늘·생강과 함께 믹서에 간다.
5. 밀가루풀을 미리 쑤어 식혀 둔다.
6. ④에 밀가루풀·고춧가루·새우젓·설탕을 넣어 섞는다.
7. ①의 열무와 ⑥을 섞어서 버무리다가 ②의 쪽파를 넣고 소금으로 간을 맞추어 김치 통에 담는다.
8. 김치를 버무린 그릇에 맛국물을 넣어 묻어 있는 양념을 깨끗이 헹구어 그 물을 김치 통 가장자리에 붓는다. 김치를 실온에 반나절가량 두어 맛이 들게 한다.

열무물김치

절이기 열무 2kg, 소금물(천일염 1컵 + 물 5컵)
양념 쪽파 100g, 풋고추 10개, 홍고추 4개, 마늘 60g, 생강 10g, 밀가루풀(밀가루 1큰술 + 물 1.5컵)
김치국물 고춧가루 2큰술 + 물 10컵

1. 손질한 열무를 7~8cm 길이로 잘라 30분간 절여 헹구어 채반에 건져 놓는다.
2. 손질한 쪽파는 4cm 길이로 썰고, 풋고추는 어슷 썬다.
3. 밀가루풀을 쑤어 식혀 둔다.
4. 홍고추·마늘·생강을 간다.
5. ③의 밀가루풀과 ④를 섞은 뒤 ①, ②를 넣고 가볍게 섞는다.
6. 김치국물을 붓고 실온에 반나절가량 두어 맛이 들게 한다.

맛 포인트
대표적인 여름 김치인 열무김치에는 풀국을 넣어야 풋내가 나지 않는다. 풀국의 양에 따라 열무김치의 맛이 좌우된다. 국물 없이 담가 보리밥에 비벼 먹거나 비빔국수에 넣어 먹으면 시들한 입맛을 깨우는 데 매우 좋다.

영양 성분
열무는 봄부터 여름 내내 김칫거리로 가장 많이 이용된다. 열무에는 비타민 A·C가 풍부하여 피부 노화를 예방하고 시력을 보호하는 데 도움이 된다.

풋고추열무물김치

재료

절이기
열무 1단(2kg)
천일염 200g

양념
풋고추 50g
홍고추 50g
양파 2개
쪽파 5뿌리
마늘 30g
생강 10g
풋고추 20개(청양 5개)
사과 1/2개

김치국물용 보리죽
보리쌀 1컵
물 1ℓ
새우젓 1/2큰술

담그기

1. 열무를 먹기 좋게 적당한 길이로 잘라 1~2시간가량 소금에 절인 뒤 가볍게 3회 씻어서 채반에 건져 물기를 뺀다. 어린 열무는 기호에 따라 자르지 않고 그대로 쓰기도 한다.
2. 불려 둔 보리쌀을 냄비에 담고 보리쌀이 잠길 분량의 물을 붓고 끓이다가 새우젓을 넣고 한 번 더 끓인 뒤 식힌다.
3. 홍고추와 풋고추, 양파(1개)는 어슷 썰고, 쪽파는 4㎝ 길이로 썬다.
4. 양파(남은 양파 1개), 마늘, 생강, 풋고추, 사과, ②의 보리죽을 함께 갈아 양념을 만든다.
5. ①의 절인 열무에 ③, ④를 넣고 양념이 배도록 살살 버무린다.
6. 풋고추열무김치는 김치 통에 담아 하루 정도 실온에 두었다가 냉장 보관한다.

맛 포인트

열무는 손질할 때 자주 만지거나 뒤적거리면 풋냄새가 나므로 주의한다. 물김치용은 가볍게 절여야 사각사각한 열무의 질감이 느껴진다. 고춧가루를 쓰지 않고 풋고추를 넣었기에 김치의 색은 녹색이지만 얼큰하고 시원한 맛이 난다. 국물을 넉넉히 부어 국수를 말아 먹어도 좋은 여름철 별미김치이다.

영양 성분

고추에는 색소가 45종이나 추출되는 아름답고 강력한 식품이다. 고추에 들어 있는 캡사이신은 암세포 제거에 강력한 효과가 있다. 열량이 낮고 칼륨 함량이 높으며 몸의 저항력을 걸러 주고 신진대사를 활발하게 하는 비타민 A·C, 엽산, 판토텐산이 풍부하다. 고추는 위산 분비를 촉진하므로 소화장애가 있는 사람에게 좋다.

오이소박이 사계절

재료

절이기
오이 4개(1kg)
천일염 1/3컵

양념
부추 100g
마늘 20g
생강 5g
새우젓 1/4컵
고춧가루 1/2컵(40g)
멸치액젓 1/4컵
찹쌀풀 1/3컵
고운 소금 1작은술
설탕 1작은술

담그기

1. 오이는 씨가 생기지 않은 갸름한 것을 골라서 소금으로 겉을 문질러 씻는다.
2. ①의 오이를 5㎝ 길이로 토막 내어 밑에서 1㎝ 정도 남기고 가운데 칼집을 길게 세 번 넣어 미지근한 소금물에 담가 충분히 절인 뒤 헹구어 물기를 뺀다.
3. 손질한 부추를 3㎝ 길이로 썬다.
4. 마늘·생강·새우젓 건더기를 곱게 다진다.
5. 멸치액젓에 고춧가루를 넣고 색이 고와지도록 불린 뒤에, 찹쌀풀, ③, ④를 넣고 버무려 양념소를 만든다.
6. ②의 오이에 ⑤의 양념소를 빠져나오지 않을 정도로 채운다.
7. 오이 겉면에 남은 양념을 바른 뒤 김치 통에 꼭꼭 눌러 담는다. 떠오르지 않도록 무거운 것으로 누르고, 김치 버무린 그릇에 물을 약간 넣고 소금을 타서 남아 있는 양념을 깨끗이 헹구어 국물을 만들어 김치 통 가장자리에 붓는다. 오이소박이는 담가서 바로 먹어도 오이의 향을 느낄 수 있고, 하루 정도 실온에서 맛을 들인 뒤 냉장 보관해 두고 먹어도 좋다.

맛 포인트
대표적인 여름철 김치의 하나. 독특한 향과 아삭아삭 씹히는 식감이 식욕을 돋운다. 오이소박이는 맛이 담백한 것이 특징이므로 젓갈을 넣지 않고 담그며, 다른 김치에 비해 빨리 시므로 먹을 만큼만 담그는 것이 좋다.

영양 성분
조선오이를 선택하되 색이 선명하고 가시가 많으며 곧은 것을 고른다. 오이는 수분이 96%나 되며, 에라테린elaterin이라는 쓴맛 성분이 소화를 도와준다. 풍부한 칼륨 성분이 나트륨과 몸속의 노폐물을 체외로 배출시켜 피를 맑게 해 준다. 이뇨 작용을 활성화하므로 신장염이나 고혈압, 비만에도 좋다.

즉석 신선함으로 맛을 내는 즉석 김치

배추겉절이

재료

절이기
배추 1통(3kg)
천일염 3/4컵
물 3컵

양념
홍고추 2개
쪽파 100g
마늘 40g
생강 10g
따뜻한 물 1컵
멸치액젓 1/2컵
고춧가루 1컵
진간장 1큰술
설탕 1큰술
통깨 3큰술
참기름 1큰술
찹쌀풀 2큰술

담그기

1 배추는 잎을 낱장으로 떼어 내어 씻은 뒤 소금을 뿌리고 물 3컵을 흩뿌려 절였다가 흐르는 물에 헹군다. 소쿠리에 건져 물기를 빼고 먹기 좋은 크기로 찢어 놓는다.

2 홍고추는 반으로 갈라 씨를 털어 내고 2~3cm 길이로 채 썬다.

3 쪽파는 3cm 길이로 썬다.

4 마늘과 생강은 곱게 다진다.

5 따뜻한 물 1컵에 멸치액젓을 섞은 뒤 고춧가루를 넣어 불린다.

6 ⑤에 마늘·생강·진간장·설탕을 넣고 잘 섞는다.

7 ①의 배추에 찹쌀풀과 ⑥을 넣고 버무린 뒤, ②, ③을 넣고 가볍게 섞고 나서 통깨와 참기름을 넣는다. 찹쌀풀은 기호에 따라 넣지 않아도 된다.

맛 포인트

겉절이는 원재료를 소금에 살짝 절여서 양념하여 바로 먹는 즉석 김치로, 아삭아삭 씹히는 질감과 신선한 맛이 특징이다. 겉절이용으로는 주로 얼갈이배추를 사용하는데, 잎이 지나치게 크지 않고 연한 것이 좋다. 입맛에 따라 설탕이나 참기름으로 간을 하기도 하는데, 참기름은 먹기 직전에 넣어야 싱싱한 배추의 맛과 참기름의 고소한 맛이 조화를 이룬다.

영양 성분

배추에는 비타민과 미네랄이 풍부할 뿐만 아니라 약리 작용을 하는 다양한 성분이 들어 있다. 배추의 메틸메티오닌은 동맥경화를 치료하는 데 효과가 있고, 메틸시스테인설폭사이드methylsysteinsulfoxid는 콜레스테롤 감소에 탁월한 효과가 있다.

겉절이 담그는 법

겉절이는 입맛이 없을 때 즉시 해 먹을 수 있는 음식으로, 제철 재료를 이용하여 담백하고 깔끔한 맛을 살리는 것이 관건이다. 겉절이를 만들 때는 주재료가 되는 채소에 가능하면 칼을 대지 않고 손으로 알맞게 찢어서 사용하는 것이 더욱 맛있게 느껴진다. 숙성시켜 먹는 음식이 아니므로 기호에 따라 통깨와 참기름 등을 넉넉히 넣어도 좋고, 젓갈은 적게 넣어야 맛이 개운하다.

배추 겉절이 담그는 법

1 재료 준비
재료를 준비한다.

2 알맞은 크기로 찢어 놓기
배추를 먹기 좋은 크기로 찢어 놓는다.

3 배추 간하기
배추를 소금에 절여 흐르는 물에 씻은 뒤 소쿠리에 건져 물기를 뺀다.

4 양념으로 쓸 부재료 썰기
함께 버무릴 양파, 고추 등의 부재료를 썰어 준비한다.

5 풀 넣기
절인 배추에 풀을 넣는다. 풀을 꼭 넣지 않아도 된다.

6 양념 넣고 버무리기
양념을 넣고 버무린다. 참기름을 넣고 마지막에 통깨를 뿌려 낸다.

<u>겉절이는 날것으로 먹을 수 있는 싱싱한 채소는 무엇이든 사용할 수 있다.</u> 김치의 주재료인 배추, 겨울 막바지에 단맛을 내는 봄동, 양념으로도 요긴하게 쓰이는 부추, 이른 봄에 솟아나는 머위의 어린 순, 민들레 잎, 향이 좋은 참취와 곰취 등의 나물류, 여름철 입맛을 살려 주는 쌈채소 상추, 재배법의 발달로 사계절 내내 구할 수 있는 삼엽채(참나물로 알려져 있음) 등 겉절이만 제대로 만들어도 일년 내내 풍성한 식탁을 차릴 수 있다.

시금치 겉절이 담그는 법

1 재료 준비
재료를 준비한다.

2 시금치 다듬기
시금치는 뿌리가 굵은 것은 칼집을 넣어 반으로 자르고 깨끗이 씻어 물기를 뺀다.

3 시금치 간하기
소금을 넣어 20분간 절인 뒤 가볍게 씻어 물기를 뺀다.

4 양념으로 쓸 채소류 썰기
함께 버무릴 양파, 고추 등의 부재료를 썰어 준비한다. 마늘과 생강은 곱게 다지고, 홍고추는 씨를 털어 내고 채 썬다.

5 채소 넣기
움푹한 그릇에 절인 시금치를 담고 양념 채소류를 넣는다.

6 양념 넣고 버무리기
양념을 넣어 고루 섞은 뒤 참기름을 넣고 통깨를 뿌려 마무리한다.

알배추겉절이 즉석

재료
작은 알배추 1kg
무 50g
소금 1/4컵
고춧가루 2작은술(물들이기용)
양념
쪽파 50g
고춧가루 3큰술
액젓 3큰술
다진 마늘 30g
다진 생강 5g
설탕 1큰술
통깨 1큰술
참기름 1작은술

담그기

1 알배추는 한 잎씩 떼어 길게 찢어서 소금에 절여 헹구어 물기를 뺀다.
2 무는 6~7㎝ 길이로 채 썰어 소금에 절였다가 채반에 밭쳐 물기를 뺀다.
3 쪽파는 4㎝ 길이로 썰어 둔다.
4 큰 그릇에 ②의 무를 담고 고춧가루를 조금 넣어 비벼서 붉은 물을 들인다.
5 고춧가루·액젓·마늘·생강·설탕을 한데 섞어 양념을 만든다.
6 ④에 ①, ③, ⑤를 넣고 가볍게 버무린 뒤 통깨와 참기름을 넣고 한 번 더 버무린다.

맛 포인트
겉잎을 떼어 낸 배추는 깔끔해 보이지만 병이 들었거나 오래된 것일 수도 있다. 통배추는 키친타월에 싸서 그늘지고 서늘한 곳에 보관한다. 잘려 있는 것은 랩으로 감싸서 비닐팩에 넣어 냉장고 채소칸에 보관한다.

영양 성분
배추의 설포라판이 발암 물질을 억제할 뿐만 아니라 비타민 C는 감기 예방, 스트레스 완화, 피로 해소 등의 효과가 있다.

양배추물김치 즉석

재료

양배추 1kg
무 200g
찹쌀풀 1/2컵(물 100cc + 찹쌀가루 1큰술)
생수 3ℓ

양념

배 1/2개(200g)
붉은 파프리카 200g
양파 1/2개
마늘 20g
생강 10g
매실청 1큰술
소금 5큰술

담그기

1. 양배추를 한 장씩 떼어 먹기 좋은 크기로 잘라 씻는다.
2. 무는 가로와 세로 0.3㎝, 두께 3㎝ 크기로 썰어 소금간을 살짝 한다.
3. 찹쌀풀을 만들어 식혀 놓는다.
4. 배·파프리카·양파·마늘·생강을 간다.
5. 김치 통에 ①, ②, ③, ④를 함께 넣고 물을 부은 뒤 매실청을 넣고 소금으로 간을 맞춘다. 실온에 하루 정도 두어 맛을 들인 뒤 냉장 보관한다.

맛 포인트
담가서 바로 먹을 수 있는 김치지만 적당히 익혀서 먹으면 더욱 맛이 좋다. 오이나 무와 함께 담그면 맛의 상승 효과가 생긴다. 낮은 온도에서 서서히 익혀야 맛이 깔끔하고 시원한 맛이 난다.

영양 성분
양배추는 서양의 3대 식품(올리브·요구르트·양배추) 중 하나인 슈퍼 푸드다. 풍부한 비타민 U는 위벽의 점막을 재생시키고 궤양을 개선하는 역할을 한다. 양배추는 지방 연소에 탁월한 비타민 B1·B2 외에도 식이섬유와 망간, 엽산, 오메가 3 지방산도 풍부하다. 항산화 작용을 하는 비타민 C도 풍부하여 미용과 다이어트에 효과적이다.

무생채

재료

절이기
무 500g
천일염 1큰술

양념
미나리 5줄기
쪽파 4뿌리
고춧가루 2큰술
다진 마늘 12g
다진 생강 3g
새우젓 50g
설탕 1/2큰술
통깨 1작은술

담그기

1. 껍질째 깨끗이 손질한 무를 채 썰어 가볍게 절인 뒤 물기를 거두고 고춧가루를 넣고 버무린다. 무채를 지나치게 짜면 물기가 없어 퍽퍽하므로 물기를 적당히 남겨 둔다.
2. 미나리와 쪽파는 2㎝ 길이로 썬다.
3. 새우젓 건더기는 다져 놓는다.
4. ①의 무채에 ②, ③, 마늘과 생강을 넣고 골고루 버무린 뒤 새우젓과 설탕으로 간을 맞춘다.
5. 마지막으로 통깨를 뿌린다. 참기름을 넣어 시간이 지나면 미끌거리고 맛이 없으므로 처음 먹을 분량에만 넣는다.

맛 포인트
무생채를 즉석에서 먹을 때는 소금에 절이지 않고 무채를 먼저 고춧가루로 버무려 붉게 물들여서 만들어도 된다. 젓갈 대신 국간장이나 소금 간을 하고 참기름을 넣으면 비빔밥 재료로도 좋다.

굴무생채

재료

무 1개(1.2kg)
굴 300g
배 1/2개
쪽파 100g
미나리 50g
밤 5개

양념

고춧가루 1/2컵
다진 마늘 40g
다진 생강 10g
새우젓 1/4컵
멸치액젓 3큰술
찹쌀풀 2큰술
소금 약간

담그기

1. 무를 껍질째 깨끗이 씻어 채 썰어 고춧가루의 절반을 넣고 버무려 미리 붉은 물을 들인다.
2. 굴은 엷은 소금물에 씻어서 체에 받쳐 물기를 뺀다.
3. 배는 껍질을 벗기고 씨를 포함한 심과 꼭지를 도려내고 채 썬다.
4. 손질한 쪽파와 미나리는 4~5cm 길이로 썬다.
5. 밤은 납작하게 편으로 썬다.
6. 새우젓은 건더기를 다진다.
7. ①에 남은 고춧가루, 마늘, 생강, 찹쌀풀, 새우젓, 멸치액젓, ④, ⑤를 넣고 버무린 뒤, ②와 ③을 넣고 가볍게 버무려서 소금으로 간을 맞춘다.

맛 포인트

무를 채 썰어 버무리는 즉석 김치이다. 굴은 유백색으로 몸집이 오돌오돌하고 통통하며 손가락으로 눌렀을 때 탄력이 있고 바로 오그라드는 것이 신선한 것이다. '바다에서 나는 우유'라는 별명이 있을 정도로 어패류 중에서도 여러 가지 영양소가 이상적으로 갖춰진 영양 식품이다. 굴을 넣으면 빨리 시어지므로 바로 먹을 김치에만 넣는 것이 좋다.

양배추오이김치 (즉석)

재료

양배추 1kg(1/2통)
오이 1개
소금물(천일염 100g + 물 1ℓ)
쪽파 50g
부추 50g
고춧가루 1컵
다진 마늘 30g
다진 생강 5g
새우젓 1/2컵
통깨 1큰술

담그기

1. 양배추는 심을 도려낸 뒤 가로 3㎝, 세로 4㎝ 크기로 잘라 소금물에 1시간 절였다가 헹구어 채반에 밭쳐 물기를 뺀다.
2. 오이는 소금으로 문질러 깨끗이 씻어서 둥글게 통썰기하여 소금에 살짝 절였다가 헹구어 채반에 밭쳐 둔다.
3. 손질한 쪽파와 부추를 3㎝ 길이로 썰어 놓는다.
4. ①, ②를 큰 그릇에 담고 고춧가루 반 컵을 넣어 붉은 물을 들인다.
5. ④에 남은 고춧가루, 마늘과 생강, 새우젓을 넣어 골고루 섞는다.
6. ⑤에 ③을 넣고 가볍게 버무린 뒤 김치 통에 꾹꾹 눌러 담고 반나절가량 실온에 두었다가 냉장 보관한다.

맛 포인트
양배추는 비타민 U를 가장 효과적으로 섭취하려면 생식이 좋다. 찌거나 살짝 볶아 먹기도 하는데, 가열해 조리한다면 비타민이 녹아 나온 국물까지 함께 먹을 수 있는 국물류가 좋다.

영양 성분
비타민 U는 위산의 분비를 억제하여 점막이 짓무르는 것을 방지함으로써 위궤양과 십이지장궤양을 예방한다.

오이송송이 즉석

재료

절이기
오이 2kg
천일염 70g

부재료
사과 1개(200g)
설탕물 1/2컵
양파 1개(170g)

양념
쪽파 80g
다진 마늘 30g
다진 생강 10g
고춧가루 1/2컵(50g)
새우젓 80g
멸치액젓 20g
설탕 1/2큰술
밀가루풀 1/2컵(100g)

담그기

1. 오이는 소금으로 문질러 씻어 3cm 길이로 썰고 사등분한 뒤 소금을 뿌려 20분간 절였다가 한 번 헹구어 물기를 뺀다.
2. 사과를 깨끗이 씻어 껍질째 ①의 오이처럼 썰어 설탕물에 적셨다가 물기를 뺀다.
3. 양파도 오이처럼 썰어 놓는다.
4. 쪽파를 송송 썬다.
5. 새우젓 건더기를 곱게 다진다.
6. 고춧가루에 ④, ⑤, 마늘, 생강, 젓갈, 설탕을 넣고 골고루 섞어 양념을 만든다.
7. ⑥에 ①, ②, ③을 넣고 가볍게 버무린 뒤 밀가루풀을 넣고 한 번 더 버무린다.

맛 포인트
오이는 껍질에 윤기가 있고, 가시가 날카로운 것을 고른다. 물기가 있으면 쉽게 무르므로 물기를 잘 닦아서 비닐팩에 넣어 냉장고에 보관한다. 오이김치는 빨리 시어지고 쉽게 무르므로 조금씩 담가 먹는다.

영양 성분
오이는 수분이 96%, 칼로리는 100g당 10~19kcal인 저열량 식품이다. 예부터 이뇨·해독제로 쓰이기도 했다. 풍부한 칼륨이 신장의 기능을 지원하여 몸의 부기와 피로를 해소해 준다.

상추겉절이

재료

상추 200g
홍고추 1개
실파(쪽파) 5뿌리
다진 마늘 20g
고춧가루 2큰술
간장·멸치액젓 1큰술씩
설탕 1/2큰술
참기름·통깨 1작은술씩

담그기

1. 상추는 흐르는 물에 한 장씩 3~4회 씻어서 물기를 털어 내고 큰 것은 손으로 적당히 뜯어 놓는다.
2. 홍고추는 반을 갈라 씨를 털어 내고 2~3㎝ 길이로 잘라 채 썬다.
3. 실파를 송송 썬다.
4. 고춧가루에 마늘·간장·액젓·설탕을 잘 섞어 양념을 만든다.
5. 크고 움푹한 그릇에 ①, ②, ③을 담고 양념을 넣어 가볍게 비무린 뒤 참기름과 통깨를 뿌린다.

영양 성분

상추의 잘린 면에서 나오는 하얀 진액은 락투카리움Lactucarium 성분으로, 진통·마취 효과가 있어서 졸음을 유발하기도 한다. 불면증·황달·빈혈 등에 치료 효과가 있다. 몸이 붓고 소변이 잘 나오지 않을 때, 뼈마디가 쑤시고 혈액 순환이 원활하지 않을 때도 좋다. 상추에 풍부한 비타민과 미네랄은 물질대사를 도와 피로를 해소하고 천연 강장제 역할을 한다.

시금치겉절이 즉석

재료
시금치 600g
홍고추 5개
실파 10뿌리
다진 마늘 20g
고춧가루 1/2컵
간장·식초·설탕 2큰술씩
참기름 1큰술
통깨 1작은술

담그기
1. 시금치 뿌리가 굵은 것은 칼집을 넣어 반으로 잘라 깨끗이 씻어서 소금을 뿌려 20분간 절인 뒤 가볍게 2회 헹구어 채반에 건져 물기를 뺀다.
2. 홍고추는 반을 갈라 씨를 털어 내고 2~3㎝ 길이로 잘라 채 썬다.
3. 실파는 송송 썬다.
4. 고춧가루에 마늘·간장·설탕·식초를 섞어 양념장을 만든다.
5. 크고 움푹한 그릇에 ①, ②, ③을 담고 ④를 넣어 골고루 섞은 뒤 참기름을 넣고 통깨를 뿌려 마무리한다.

맛 포인트
시금치를 나물로만 먹지 말고 김치나 겉절이로 이용하면 색다른 맛이 난다. 액젓을 넣은 양념장에 가볍게 무쳐서 바로 먹는다.

영양 성분
대표적인 녹황색 채소로 비타민 A·B·C와 무기질이 풍부하여 성장기 어린이나 임산부에게 좋은 알칼리성 식품이다. 결석의 원인이 되는 수산이 들어 있지만 매일 1kg 이상 과다 섭취하지 않으면 문제 없다.

참나물겉절이 즉석

재료
참나물 200g
붉은 양파 1/3개
홍고추 1개
양념
들깨가루 2큰술
식초 2큰술
고춧가루 1큰술
다진 파 1큰술
다진 마늘 1작은술
설탕 1큰술
소금 약간

담그기

1. 참나물을 다듬어 옅은 소금물에 씻은 뒤 줄기와 잎을 4㎝ 길이로 잘라 물기를 완전히 없앤다.
2. 양파는 곱게 채 썰어 찬물에 담가 아린맛을 빼고 물기를 없앤다.
3. 홍고추는 반을 갈라 씨를 털어 내고 2~3㎝ 길이로 잘라 채 썬다.
4. 양념 재료를 한데 섞어 양념장을 만든다.
5. 크고 움푹한 그릇에 ①, ②, ③을 넣고 ④의 양념장을 넣고 가볍게 털듯이 버무린다.

맛 포인트
겉절이용 양파는 곱게 채 썰어 찬물에 담가 아린맛을 빼야 상큼한 맛이 산다. 양념장에 들깨가루를 넣어서 무치면 참나물의 쌉쌀한 맛과 들깨의 고소한 맛이 어우러져 입맛을 돋운다.

영양 성분
베타카로틴 섬유질·무기질·비타민 등 각종 영양소가 풍부하면서도 칼로리는 낮다. 풍부한 베타카로틴은 현대인에게 많이 발생하는 안구건조증을 예방하고 봄의 춘곤증을 극복하는 데 효과가 크다.

콩나물김치 _{즉석}

재료

콩나물 300g
쪽파 5뿌리
홍고추 1개
다진 마늘 20g
고춧가루 2큰술
소금 1/2큰술(기호에 따라 새우젓 2큰술)
통깨 1작은술

담그기

1. 콩나물은 뿌리를 다듬어 삶아 찬물에 헹구어 체에 밭쳐 물기를 뺀다. 이때 삶은 물을 버리지 않고 둔다.
2. 쪽파 흰 뿌리 부분을 잘라 다지고, 푸른 잎은 4㎝ 길이로 자른다.
3. 홍고추는 반으로 갈라 씨를 빼고 4㎝ 길이로 채 썬다.
4. ①의 콩나물에 마늘·고춧가루·소금을 넣고 가볍게 버무린 뒤 ②, ③을 넣고 한 번 더 가볍게 섞어서 김치 통에 담는다.
5. 마지막으로 무침 그릇에 콩나물 삶은 물을 약간 넣어 남은 양념을 깨끗이 헹구어 콩나물에 붓는다. 기호에 따라 소금간 대신 새우젓으로 간하여 감칠맛을 즐길 수도 있다.

맛 포인트

콩나물은 맛이 시원해서 여름 냉국 재료로도 좋다. 비린내가 나지 않을 정도로만 살짝 삶아야 사각사각 씹히는 질감이 좋다. 쉽게 변질되므로 조금씩 만들어 먹는 것이 좋다.

영양 성분

콩나물은 일반 채소보다 비타민과 무기질이 3~4배 이상 많은 영양 덩어리다. 비타민 A·C가 풍부하여 숙취 해소, 감기 치료 효과가 좋다. 또한 술을 마실 때 생성되는 독성 물질인 아세트알데히드acetaldehyde를 분해하는 아스파라긴산이 들어 있어 몸의 해독 작용을 돕는다.

머위겉절이

재료

연한 머위 500g
부추 20g
홍고추 1개
다진 마늘 20g
고춧가루 2큰술
고추장 2큰술
소금 1작은술
설탕 1큰술
식초 1큰술
통깨 1큰술

담그기

1. 머위는 줄기 껍질을 벗겨서 흐르는 물에 잎까지 씻어 물기를 빼 둔다. 잎이 큰 것은 손으로 적당히 찢어 놓는다.
2. 부추는 3㎝ 길이로 썬다.
3. 홍고추는 어슷 썰어 씨를 털어 낸다.
4. 마늘·고춧가루·고추장·소금·설탕·식초를 섞어 양념장을 만든다.
5. 크고 움푹한 그릇에 ①의 머위를 담고 ④의 양념장을 넣고 손으로 가볍게 털듯이 버무린 뒤 통깨를 뿌린다.

영양 성분

머위 잎에 풍부한 헥사날 hexanal 성분은 항균 작용이 강력하여 등푸른생선이나 조개 요리를 할 때 곁들이면 식중독을 예방할 수 있다. 머위 달인 즙을 마시면 생선 식중독이나 체기로 인한 설사에도 효과가 있다. 유럽에서는 항암 치료제로 인정 받고 있다.

달래도라지겉절이 ⓘ즉석

재료

절이기
도라지 5뿌리(100g)
천일염 2큰술
달래 1단(80g)

양념장
고춧가루 3/4컵
간장 1큰술
멸치액젓 2큰술
마늘 20g
설탕 1큰술
식초 1큰술
통깨 1작은술

담그기

1. 껍질을 벗긴 도라지는 가늘게 찢어 소금을 넣고 바락바락 주물러 쓴맛을 제거한 뒤 찬물에 헹구어 물기를 뺀다.
2. 달래는 불순물을 제거하고 깨끗이 헹구어 건져 물기를 뺀다.
3. 양념 재료를 한데 섞어 양념장을 만들어 ①의 도라지를 넣고 버무린다.
4. ③에 달래를 넣고 털듯이 양념을 섞어 통깨를 뿌려 낸다.

맛 포인트
도라지를 양념장에 버무려 간이 스며들면 달래를 넣어 가볍게 섞는다. 먹기 직전에 달래를 넣어야 싱싱해 보인다.

영양 성분
달래는 이른 봄에 돋아나 독특한 향미로 식욕을 돋운다. 비타민 A · C와 무기질이 풍부하여 피로를 풀고 춘곤증을 이기게 하며 피부 미용에 좋다. 항암 효과가 있는 유화아릴과 알리신이 풍부하며, 특히 칼슘이 많이 들어 있어 빈혈을 해소하고 간 기능을 강화해 준다. 신경 안정 효과가 있어서 스트레스로 인한 피로나 불면증 개선 효과가 있다. 한방에서는 불면증 · 장염 · 위염 등에 약재로 쓰며, 자궁 출혈 · 생리불순 등 부인과 질환에도 효과가 있다.

피망김치 죽석

재료

절이기
청피망 5개
홍피망 5개
무 1/4개
천일염 1/2컵

양념
양파 1/2개
쪽파 2뿌리
마늘 40g
생강 5g
찹쌀풀 3큰술
고춧가루 1/2컵
새우젓 2큰술
멸치액젓 2큰술
소금 약간

담그기

1. 피망은 꼭지 부분을 잘라 내고 반으로 길게 잘라서 씨를 도려낸 뒤 나박썰기 한다.
2. 무도 나박썰기한다.
3. ①, ②에 소금을 뿌려 가볍게 절여 헹군 뒤 소쿠리에 건져 물기를 뺀다.
4. 양파는 채 썰고, 쪽파는 잘게 다진다.
5. 마늘과 생강을 곱게 다진다.
6. 새우젓은 건더기를 다져서 쓴다.
7. 찹쌀풀에 고춧가루를 넣어 불린다.
8. ⑦에 ⑤, ⑥, 멸치액젓을 넣어 간을 맞춘다.
9. ③의 피망과 양파에 ⑧을 먼저 넣어 붉게 물들인 뒤 ④를 넣어 골고루 버무린다.

맛 포인트

피망 손질의 기본은 꼭지와 씨를 도려내는 것이다. 씨를 제거할 때는 씨가 붙어 있는 안쪽의 두툼한 흰 부분도 함께 긁어 내야 음식을 만들었을 때 깔끔하다. 둥근 모양으로 사용할 때는 꼭지 부분만 잘라 내고 칼끝으로 속과 씨 부분을 통째로 제거한다.

영양 성분

피망에는 비타민 A · C · B_1 · B_2 · D · P가 풍부하다. 특히 비타민 C는 토마토의 4배에 달하고, 레몬에 버금간다. 붉은색과 오렌지색 피망의 비타민 C 함량은 녹색의 2배로, 작은 것 3개면 비타민 C 하루 필요량을 충족할 수 있다. 칼륨과 비타민 P는 고혈압과 동맥경화를 예방하고 개선하는 데 도움이 된다.

돌나물김치 즉석

재료

돌나물 500g
무 1/5개(50g)
천일염 1큰술
홍고추 2개
쪽파 5뿌리
미나리 5줄기
마늘 30g
생강 20g
고춧가루 1큰술(6g)
다시마 맛국물(물 5컵 + 다시마 가로 세로 6cm)
소금 1작은술

담그기

1. 돌나물은 가볍게 씻어서 채반에 받쳐 물기를 뺀다.
2. 무는 가로 3cm, 세로 2.5cm, 두께 0.5cm 크기로 썰어 천일염 1큰술을 넣고 절여 물에 헹구어 물기를 뺀다.
3. 홍고추는 반으로 갈라 씨를 제거한 뒤 채 썰어서 찬물에 헹군다.
4. 쪽파와 미나리는 4cm 길이로 썬다.
5. 마늘과 생강은 곱게 채 썬다.
6. 삼베 헝겊에 고춧가루를 싸서 다시마 맛국물에 넣고 조물조물 주물러 붉은색 국물을 만든다.
7. ⑥에 ①, ②, ③, ④, ⑤를 모두 넣고 소금으로 간한 뒤 한나절 정도 실온에 두었다가 냉장 보관한다.

맛 포인트
돌나물은 수분이 많고 맛이 시원하여 오래 숙성시키기보다는 물김치나 생채를 만들어 먹는다. 씻을 때 손으로 주무르면 풋내가 나므로 헹구듯이 가볍게 씻는다. 생채를 만들 때도 양념을 끼얹어 젓가락으로 살살 섞어야 한다.

영양 성분
맛이 담백하고 씹는 질감이 좋은 돌나물은 간염이나 황달, 간경변증 등의 간 질환에 효과가 있다. 피를 맑게 하며 여성의 대하증에도 효과를 발휘한다. 담백한 풍미와 씹히는 맛이 좋은 돌나물은 먹는 항암제로 알려져 있으며, 볼거리에 민간요법으로 이용되기도 한다.

오이냉국 즉석

재료

절이기
오이 2개
천일염

양념
쪽파 2줄기
풋고추·홍고추 1/3개씩
맛국물(물 5컵 + 다시마 가로 세로 7cm)
식초 6큰술
설탕 3큰술
레몬즙 1큰술
마늘채 1큰술
소금 약간

만들기

1. 오이는 5cm 길이로 잘라 돌려깎기하여 씨 부분을 빼고 가늘게 채 썬다.
2. ①에 소금을 약간 뿌려 절인 뒤 채반에 밭쳐 물기를 뺀다.
3. 쪽파는 송송 썰고, 풋고추와 홍고추는 씨를 털어 내고 어슷 썬다.
4. 다시마 맛국물을 만들어 식힌다. (다시마는 물이 끓기 시작한 지 5분 뒤에 건진다.)
5. ④에 식초·설탕·레몬즙·마늘채·소금을 넣어 잘 섞어서 냉장고에 1~2시간 보관한다.
6. 그릇에 ①의 오이를 담고 ⑤의 국물을 부은 뒤 ③의 쪽파와 고추를 띄운다.

맛 포인트
오이는 지나치게 굵거나 색이 흰 것은 피한다. 아삭아삭 씹히는 맛을 내기 위해 끓는 물에 살짝 데치기도 한다. 오이김치를 담글 때는 소금을 조금만 뿌린다. 오이는 수분이 많으므로 소금을 많이 뿌리면 푹 절여져서 아삭한 맛이 떨어진다.

영양 성분
오이에는 피부 및 모발 건강에 필수적인 규소[silicon]가 들어 있다. 오이의 풋내의 원인은 피라진pyrazine이라는 항혈전 성분으로 혈액순환을 원활하게 한다.

가지냉국 즉석

재료

가지 2개
쪽파 1줄기

양념

고춧가루 1큰술
다진 마늘 1큰술
다진 홍고추 1작은술
국간장 1큰술
설탕 1큰술
깨소금 1큰술

국물

생수 찬 것 3.5컵
소금 1/2작은술
식초 2큰술

만들기

1 가지는 5㎝ 길이로 잘라 십자 모양으로 칼집을 넣어 김 오른 찜통에 10분가량 찐다.
2 젓가락으로 가지를 찔렀을 때 푹 들어가면 바로 꺼내어 식힌 뒤에 가늘게 찢는다.
3 양념 재료를 골고루 섞어서 양념을 만들어 ②의 가지에 넣고 골고루 무쳐서 냉장고에 넣어 식힌다.
4 쪽파를 송송 썬다.
5 ③이 적당히 차가워지면 분량의 생수를 붓고 식초를 넣은 뒤 소금으로 간을 맞추고 ④의 쪽파를 얹어 낸다.

맛 포인트

가지는 식물성 기름이나 육류와 함께 먹는 것이 좋다. 가지는 기름을 잘 흡수해서 맛이 좋고 열량 공급을 쉽게 하며 소화 흡수율을 높여 준다.

영양 성분

가지의 보라색을 구성하는 안토시아닌 색소는 발암물질 PHA 등을 억제하는 효과가 있다. 특히 저지방 식품을 먹을 때 함께 먹으면 좋다. 수족냉증이 있거나 몸이 차가운 사람, 임신한 사람은 많이 먹지 않는 것이 좋다.

김냉국 즉석

재료

김 5장
쪽파 1줄기

국물
물 3.5컵
국간장 1큰술
설탕 1큰술
마늘채 1큰술
깨소금 1큰술
식초 2큰술
다진 홍고추 1작은술
소금 1/2작은술

담그기

1. 김을 구워서 비닐 봉지에 넣고 흘러나오지 않도록 봉지 입구를 잡은 뒤 손으로 조물조물 주물러 부순다.
2. 쪽파를 송송 썬다.
3. 분량의 물에 양념 재료를 미리 넣고 소금으로 간을 맞추어 냉장고에 넣어 차게 만든다.
4. ③에 ①의 김을 넣고 ②의 쪽파를 올린다.

맛 포인트
냉국 국물은 차게 식혀야 맛이 나고, 김은 파래가 약간 섞인 것으로 즉석에서 구워서 바로 부수어 넣어야 맛있다. 김을 구울 때 센 불에 구우면 금세 타서 맛과 향도 나빠진다. 마른 김은 어둡고 건조하고 서늘한 곳에 보관한다.

영양 성분
김의 고소한 향미는 아미노산인 시스틴cystin과 탄수화물인 만닛mannit 때문이다. 김을 구우면 푸르게 변하는 것은 붉은 색소인 피코에리스린phycoerythrin이 푸른색의 피코시안phycocyan으로 바뀌기 때문이다.

 **별미** 재료에 따라 특별한 맛이 나는 **별미 김치**

호박김치

재료

절이기
늙은 호박 1개(2kg)
배추 우거지(1kg)
무청(1kg)
천일염 1.5컵

양념
갓 100g
쪽파 100g
마늘 80g
생강 30g
고춧가루 1.5컵(120g)
새우젓 1/2컵
멸치액젓 1/2컵
소금 적당량

담그기

1. 늙은 호박의 겉을 깨끗이 씻어서 이등분하여 씨를 파낸 뒤 껍질을 벗겨 1㎝ 두께로 썬다.
2. ①의 호박과, 4~5㎝ 길이로 자른 무청에 소금을 뿌려 1시간가량 절였다가 1~2회 헹구어 채반에 건져 물기를 뺀다.
3. 배추 우거지를 소금물에 푹 절였다가 씻어서 채반에 건져 물기를 뺀다.
4. 갓과 쪽파를 손질하여 4㎝ 길이로 썬다.
5. 마늘과 생강을 다진다.
6. 새우젓 건더기를 다져 놓는다.
7. 큰 그릇에 ②의 호박과 무청을 담고 고춧가루를 넣어 붉은 물이 들도록 대강 섞는다.
8. ⑦에 ④, ⑤, ⑥을 넣고 골고루 버무린다.
9. ⑧을 김치 통에 담아 꼭꼭 누른 뒤 ③의 배추 우거지로 위를 덮는다.
10. 호박김치가 잘 숙성되면 별미 김치로 먹거나 찌개용 김치로 쓴다.

맛 포인트
김치를 담그고 남은 양념에 늙은 호박을 큼직큼직하게 썰어 버무린 김치다. 숙성시켜 김치로 먹어도 되고, 돼지고기를 넣고 끓여 구수하고 들큰한 맛이 나는 찌개로 먹을 수 있는 겨울철 찌개거리용 별미 김치이다.

영양 성분
겨울 보양식인 늙은 호박은 몸을 따뜻하게 하는 효과가 있어서 몸이 찬 사람에게 도움이 된다. 식물 섬유인 펙틴pectin이 이뇨 작용을 도와 산후 부종을 해소하고, 비타민 A가 풍부하여 많이 먹으면 피부 점막이 튼튼해진다. 감기 예방 및 항암 작용, 혈압 강하 작용이 있다.

가자미식해 별미

재료

절이기(삭히기)
참가자미 작은 것 10마리
소금 1컵
무 1/2개(600g)
소금물(천일염 + 소금 1/4컵)
메조밥(메조 2/3컵 + 물 1.5컵)
엿기름가루 20g

양념
고춧가루 1.5컵
마늘 80g
생강 30g
쪽파 100g

담그기

1. 가자미는 비늘과 내장을 긁어 낸 뒤 지느러미를 떼고 깨끗이 씻어서 소금을 뿌린 뒤 무거운 것으로 눌러 일주일가량 삭힌다.
2. ①의 가자미를 꺼내어 찬물에 10분 정도 담가 두었다가 건져 채반에 넌다. 가자미가 꾸덕꾸덕해지면 1~2cm 정도 폭으로 썬다.
3. 무를 3~4cm 길이로 굵게 채 썰어 소금물에 1시간 절였다가 물기를 가볍게 짜 낸다.
4. 메조밥을 지어 넓은 그릇에 펼쳐 식힌 다음 엿기름 가루를 골고루 섞어 잠깐 두어 삭힌다.
5. 마늘·생강·쪽파를 다진다.
6. ③의 무에 고춧가루를 넣고 비벼 붉은 물을 들인 뒤 ②의 가자미와 섞는다.
7. ④의 메조밥에 ⑥, 마늘, 생강을 섞어 버무린 뒤 다진 파를 넣어 다시 한 번 버무린다.
8. 실온에서 3~4일간 익힌 뒤 냉장고에 넣어 약 2주간 삭힌다. 완전히 숙성되어야 제맛이 난다.

맛 포인트

가자미식해는 '이북식 홍어회'라고 불리는 함경도 음식이다. 가자미를 뼈째 삭힌 뒤 조밥과 무를 넣고 다시 삭혀 매운 젓갈과 김치를 겸한 맛이 특징이다. 가자미를 먹기 좋은 크기로 썰어서 담는 법도 있으나 가자미를 통째로 넣어 잘 익은 뒤에 찢어서 먹는 맛도 별미다. 고를 때는 손바닥 크기의 싱싱한 것으로 껍질이 두꺼우며 살이 얇고 노르스름한 참가자미가 좋다.

영양 성분

육질이 쫄깃쫄깃하고 단단하여 씹는 감촉이 좋은 가자미는 비타민 B1·B2가 풍부한 건강식품이다. 비타민 B1은 뇌와 신경에 필요한 에너지를 공급하는 작용을 하므로 신경을 안정시키고, 뇌를 활성화시키는 역할을 하여 스트레스를 많이 받는 사람에게 좋다.

석류김치 별미

재료

절이기
무 작은 것 1개(1kg)
소금물(천일염 1.5컵 + 물 10컵)

양념
배 50g
미나리 10줄기(10g)
대파 1뿌리(흰 부분)
마늘 20g
생강 5g
대추(씨 뺀 것) 5개
밤 2개
석이 5장(2g)
표고 2장
실고추 2g
김치국물(소금 1/3컵 + 오미자국물 10컵)

※ 오미자국물은 마른 오미자 20g을 물 10컵에 넣고 우린다.

담그기

1. 동치미 무를 골라 손질하여 씻는다. 배춧잎은 넓고 싱싱한 것으로 준비한다.
2. 무 1/5개를 남겨 두고 나머지는 3~4㎝ 두께로 잘라 가로 세로 1㎝ 간격으로 칼집을 넣는다. 이때 밑으로 1㎝ 정도를 남겨 둔다.
3. ②를 소금물에 담가 푹 절였다가 채반에 건져 물기를 뺀다.
4. 남겨 둔 무를 3㎝ 길이로 곱게 채 썬다.
5. 배는 껍질을 벗겨 내고 3㎝ 길이로 곱게 채 썬다.
6. 미나리도 손질하여 3㎝ 길이로 썬다.
7. 대파·마늘·생강·대추·밤도 곱게 채 썬다.
8. 석이와 기둥을 떼낸 표고를 따뜻한 물에 불려 손질한 뒤 물기를 짜서 곱게 채 썬다.
9. ④에 실고추를 넣고 비벼서 붉은 물을 들인 뒤 ⑤, ⑥, ⑦, ⑧을 넣어 버무려 소금으로 간을 맞추어 양념소를 만든다.
10. ②의 무 칼집 사이사이에 ⑨의 양념소를 꼭꼭 채워 넣으면 석류 모양이 된다.
11. ⑩을 통에 담고, 김치국물을 부어 실온에 두어 맛을 들인 뒤에 냉장 보관한다.

맛 포인트

간을 할 때 멸치액젓을 넣기도 하지만 시원한 맛을 내려면 소금만 쓰는 것이 좋다. 김치국물은 무가 잠길 정도로 넉넉하게 부어야 맛도 있고 다 먹을 때까지 군내가 나지 않는다.

영양 성분

석류김치는 완성된 모양이 마치 석류알 같아서 붙여진 이름이다. 토막 낸 무에 바둑판처럼 칼집을 넣고 충분히 절인 뒤 양념소에 들어갈 무채를 곱게 채 썰어 사용한다. 여러 가지 소를 넣고 담백하게 익혀 국물 맛이 시원한 궁중식 물김치이다.

유자동치미 별미

재료

절이기
동치미무 20개(10kg)
천일염 2컵

양념

쪽파 50g
청갓 80g
마늘 120g
생강 30g
청각(마른 것) 50g
대파 뿌리 5개
배 1개
유자 2개
대추 5개
삭힌 풋고추 매운 것(소금물에 20일 이상 담가 삭힌 것) 10개

동치미 국물
천일염 2컵
물 10ℓ

담그기

1 껍질째 손질한 동치미무를 비늘 모양으로 칼집을 넣은 뒤 물기가 묻은 채로 소금에 굴려 항아리에 차곡차곡 담아 하룻밤을 절인다.
2 쪽파와 갓을 천일염에 살짝 절여서 2~3개씩 돌돌 말아 묶는다.
3 마늘과 생강을 편으로 썰어서 청각, 파뿌리와 함께 베주머니에 넣어 묶어서 양념 주머니를 만든다.
4 소금물에 20일 이상 삭힌 풋고추를 물에 헹구어 마른 행주로 물기를 닦아 둔다. (삭힌 고추의 겉물이 들어가면 국물에 골마지가 생긴다.)
5 배는 껍질째 깨끗이 씻어서 젓가락으로 5~6개 정도 구멍을 낸다.
6 유자 1개를 얇게 잘라 절인 무의 비늘 사이에 끼운다.
7 다른 유자 1개는 자르지 않은 채로 젓가락으로 찔러 구멍을 여러 개 내고, 대추는 씻어 둔다.
8 항아리 바닥에 ③의 양념 주머니를 넣은 뒤, 그 위에 ②,④,⑤,⑥,⑦을 켜켜이 앉힌다.
9 동치미 국물은 분량의 물에 천일염을 풀어 녹인 뒤 하룻밤 정도 두어 불순물을 가라앉히고 윗물만 따라 팔팔 끓여 차게 식힌 것이다. 이 김치국물을 항아리에 가득 붓는다.
10 재료가 떠오르지 않도록 무거운 돌로 눌러 서늘한 곳에서 천천히 익힌다.

맛 포인트

유자동치미를 담글 때는 유자를 자르지 않고 젓가락으로 껍질에 구멍을 4~5개 뚫어 통째로 넣는 것이 깔끔하다. 상큼한 유자 향이 식욕을 돋우지만 지나치면 쓴맛이 난다. 삭힌 고추를 마른 행주로 물기를 닦아서 넣는 이유는 겉물이 들어가면 국물에 골마지가 끼기 때문이다.

영양 성분

유자의 헤스페리딘 hesperidin은 비타민 P와 같은 성분으로, 모세혈관을 튼튼하게 하여 뇌혈관 장애로 일어나는 뇌졸중에 효과적이다. 새콤한 맛을 내는 구연산은 소화액 분비를 돕고 피로를 풀어 준다.

양배추말이물김치 별미

재료

절이기
양배추 중간 크기 1/2통(1kg)
적양배추 1/2통(500g)
소금물(천일염 1컵 + 물 5컵)

양념
무 1/4개(300g)
당근 1개
미나리 100g
홍고추 5개
마늘 30g
생강 5g
멸치액젓 1/4컵
설탕 1/2큰술

김치국물
매실 진액 1컵
생수 5컵
소금 약간

담그기

1. 양배추와 적양배추는 심을 제거한 뒤 잎을 한 장씩 부서지지 않도록 떼어 내어 소금물에 2시간가량 절여 헹구어 소쿠리에 건져 물기를 뺀다.
2. 무와 당근은 길이 6cm, 굵기 0.5cm로 채 썬다.
3. 홍고추는 길게 갈라 씨를 털어 낸 뒤 채 썬다.
4. 미나리를 무와 같은 길이로 자른다. 이때 끈으로 사용할 것은 자르지 않고 길게 둔다. 미나리 전부를 양배추를 절인 소금물에 숨이 죽을 정도로만 살짝 절여 헹구어 물기를 뺀다.
5. 마늘과 생강은 곱게 다진다.
6. ②의 무채에 ⑤와 멸치액젓, 설탕을 넣고 버무린다.
7. 양배추 잎을 펼쳐 놓고 그 위에 ②, ③을 가지런히 올려 놓고 풀리지 않도록 돌돌 만 뒤 미나리로 묶는다. 적양배추도 같은 방법으로 펼쳐 놓고 재료를 올려 돌돌 말아 묶는다.
8. ⑦을 김치 통에 차곡차곡 담은 뒤 김치국물을 자박하게 부어 실온에서 하루 정도 맛을 들인 뒤 냉장 보관한다.

맛 포인트

양배추말이김치는 맵지 않고 모양이 아름다워서 어린이나 노인들에게 어울린다. 홍고추 대신 색색의 피망을 넣기도 하는데, 피망은 수분이 많아 숙성된 뒤에는 씹는 맛이 물컹하고 빨리 삭는 단점이 있다.

영양 성분

양배추에는 특수한 성분인 비타민 U가 들어 있어서 위궤양에 효능이 좋다. 필수 아미노산인 리신lycine이 풍부하여 영양 가치가 매우 높고, 지혈 작용을 하고 뼈를 건강하게 해 주는 비타민 K가 들어 있어 골다공증 예방에도 효과가 좋다. 겉잎의 녹색 부분에는 흰 부분에 비해 비타민 C가 2배나 많으므로 버리지 말고 먹는다.

갓김치 별미

재료

절이기
- 붉은 갓 2단(2kg)
- 쪽파 200g
- 무 1/2개(600g)
- 천일염 1컵
- 물 2컵

맛국물
- 물 2ℓ
- 다시마 가로 세로 10cm
- 무 50g
- 양파 1/2개
- 마늘 8쪽
- 북어 대가리 1개
- 대파(흰부분) 1뿌리

양념
- 양파 1개
- 마늘 60g
- 생강 10g
- 찹쌀풀 2컵(찹쌀가루 2큰술 + 맛국물 2.5컵)
- 갈치속젓 1/2컵
- 멸치젓 1/2컵
- 물 1컵
- 고춧가루 2컵
- 설탕 1큰술
- 통깨 1큰술
- 실고추 조금

담그기

1. 갓은 길이가 짧고 줄기가 연한 것을 골라 살살 비벼서 씻은 뒤 소금을 뿌리고 물 2컵을 흩뿌려 꾹꾹 눌러 절이다가 30분쯤 지나면 한 번 뒤집어 주고 1시간 정도 절인다.
2. 갓이 중간 정도 절여지면 손질한 쪽파를 함께 넣고 절인다.
3. ②의 갓과 쪽파를 찬물에 1~2회 헹구어 물기를 빼고 가지런히 놓아 둔다. 이때 갓 줄기가 두꺼운 것은 칼로 길게 반으로 쪼갠다.
4. 무는 단단한 것으로 골라 손질한 뒤 가로 세로 각 5cm, 두께 1cm 굵기로 썰어 소금에 절여서 채반에 밭쳐 둔다.
5. 맛국물은 미리 만들어 식혀 둔다.
6. 양파는 채 썬다.
7. 마늘과 생강은 곱게 다진다.
8. 찹쌀풀을 쑤어 식혀 둔다.
9. 갈치속젓과 멸치젓에 동량의 맛국물을 부어 끓여 식혀서 거른 뒤 고춧가루를 넣어 불린다.
10. ⑨에 ⑥, ⑦, ⑧을 넣고 골고루 버무려 양념을 만든다.
11. ⑩에 ③, ④를 넣고 버무린 뒤 갓과 쪽파 2~3가닥을 함께 잡고 둘둘 감아 김치통에 담으면서 통깨와 실고추를 켜켜이 뿌린다. 잘 숙성시켜 먹는다.

맛 포인트

붉은 갓은 향이 진하고 맛이 매워서 주로 김칫소로 사용되고, 푸른 갓은 동치미 재료로 많이 이용된다. 남도 지방에서는 붉은 갓에 쪽파를 넣고 생멸치젓 건더기를 믹서에 곱게 갈아서 넣어 김치를 만든다. 생젓은 처음에는 비린내가 심하지만 숙성되면 구수한 감칠맛이 난다. 갓김치에는 검은색 멸치젓을 사용하므로 붉은색을 내기 위해 고춧가루를 다른 김치보다 많이 넣고 찹쌀풀을 넣어야 양념이 고루 잘 밴다. 충분히 숙성되어야 제맛이 나는 김치로, 다른 김치가 시어질 무렵에 먹는다.

영양 성분

갓에는 무기질과 비타민 A·C가 많고, 성질이 따뜻하며, 맛이 맵고 독이 없다. 한방에서는 '따뜻한 성질의 매운맛이 담을 제거하여 기氣의 유통을 돕고, 찬 기운을 몰아내고 속을 따뜻하게 하니 신장의 사기邪氣가 제거되며 인체의 아홉 구멍을 통하게 한다'라고 한다.

고들빼기김치 별미

재료

절이기
고들빼기 2단(2kg)
배추 우거지 500g
소금물(천일염 1컵 + 물 8컵)

양념
쪽파 300g
밤 5개
당근 1개
마늘 80g
생강 30g
천일염 1/3컵
고춧가루 2컵
멸치액젓 1컵(240g)
찹쌀풀 2컵
물엿 3큰술
통깨 4큰술

담그기

1 뿌리가 굵고 연한 고들빼기를 뿌리째 소금물에 담가 공기와 접하지 않도록 넓적한 돌로 눌러 7~10일가량(재배한 것은 1일) 삭힌다.

2 ①의 고들빼기를 깨끗이 헹구어 소쿠리에 건져 그늘에서 꾸덕꾸덕해질 정도로 말린다.

3 배추 우거지는 소금물에 숨이 죽을 정도로만 절여서 헹구어 물기를 뺀다.

4 손질한 쪽파는 길이로 이등분하여 액젓을 조금 넣고 가볍게 절인다. 이때 나온 국물을 버리지 않고 둔다.

5 밤은 편으로 썬다.

6 당근은 채 썬다.

7 마늘과 생강은 곱게 다진다.

8 미리 쑤어 식혀 놓은 찹쌀풀에 파를 절일 때 나온 국물과 남은 액젓을 넣고 고춧가루를 불린다.

9 ⑧에 ⑤, ⑥, ⑦과 물엿을 넣어 걸쭉한 양념을 만든다.

10 ⑨에 ②의 고들빼기를 넣고 버무린 뒤 ④의 쪽파를 넣고 한 번 더 버무린다.

11 ⑩의 고들빼기와 쪽파를 한 줌씩 쥐어 돌돌 말아 김치 통에 꾹꾹 눌러 담은 뒤 남은 우거지로 양념 버무린 그릇을 닦아 소금을 조금 뿌려서 고들빼기김치 위를 덮는다.

12 무거운 돌로 김치를 누른 뒤 뚜껑을 덮고 시원한 곳에 20일 정도 두어 숙성시켜 먹는다.

맛 포인트

고들빼기는 잎이 까슬까슬하고 윤기가 나며 뿌리가 튼실한 것을 고른다. 고들빼기 고유의 맛은 뿌리에 있다. 쓴맛을 빨리 제거하려면 삭히는 중간에 소금물을 2~3회 정도 갈아 준다. 재배한 것은 자연산에 비해 쓴맛이 약하므로 하루만 우려낸다. 젓갈을 듬뿍 넣어 담그는 고들빼기김치는 음력설 이후에 먹는 남도의 별미 김치이다.

영양 성분

고들빼기는 산과 들에 자생하는 민속 채소로, 쓴맛과 향이 식욕을 돋우고 피를 맑게 하며 위장을 튼튼하게 하여 몸을 가볍게 해 준다. 쓴맛은 위를 건강하게 하고 소화를 돕는 효과가 있다. 술로 담가 마시면 건위 및 소화 촉진 효과가 좋다. 고들빼기에 풍부한 섬유질과 젓갈이 산화를 막아 장기 보존이 가능하다.

비늘김치 별미

재료

절이기
조선무 5개(2.5kg)
천일염 1.5컵

양념
무(무채) 1/5개
미나리 150g
쪽파 100g
갓 200g
고춧가루 1/2컵
새우젓 1/3컵
마늘 40g
생강 10g
실고추 약간

맛 포인트
비늘김치는 섣달그믐 무렵에 먹는 궁중 김치로, 짜게 저장했던 오이도 비늘 모양의 칼집을 넣어 함께 담그기도 한다. 배추김치를 담글 때 무를 큼직하게 잘라 켜켜이 넣거나 무비늘김치를 넣어 익히면 국물맛이 한결 시원하다.

담그기

1 무청과 껍질을 그대로 두고 지저분한 잎만 손질한 뒤, 무에 생선 비늘 모양의 칼집을 깊게 넣는다. 칼집 넣은 부분이 아래로 가게 하여 충분히 절여 헹구어 물기를 뺀다.

2 고춧가루는 동량의 물을 부어 부드럽게 불린다.

3 무는 곱게 채 썰고, 미나리·쪽파·갓은 3㎝ 길이로 썰고 마늘·생강은 다진다.

4 ③의 무채에 ②를 넣고 비벼 붉게 만들고, 마늘·생강·새우젓을 넣고 버무린 뒤, 미나리·쪽파·갓·실고추를 넣고 한 번 더 버무려 양념소를 만든다.

5 ①의 무 칼집 사이사이에 소를 채워 넣는다.

6 남은 양념으로 무청을 버무린 뒤, 무청으로 무를 감싸서 김치 통에 차곡차곡 담는다. 충분히 숙성시켜 먹는다.

오이롤김치 별미

재료

백오이 2개
천일염 2큰술
무 100g
부추 50g
절인 배추잎 5장
잣 1작은술

양념

꿀 1큰술
액젓 1큰술
고운 고춧가루 1큰술
다진 마늘 2작은술
배즙 1큰술
새우젓 1작은술

담그기

1. 오이는 천일염으로 겉을 비벼 깨끗이 씻어서 5㎝ 길이로 잘라 속을 동그랗게 파내고 소금물에 10분간 절인다. 오이가 절여지면 한 번 헹구어 채반에 밭쳐 물기를 뺀다.
2. 무는 3㎝ 길이로 곱게 채 썰고 부추는 3㎝ 길이로 자른다.
3. 양념 재료를 한데 섞어서 골고루 버무린 뒤 ②를 넣고 한 번 더 섞어 양념소를 만든다.
4. ①의 오이에 양념소를 꼭꼭 채워 넣는다.
5. 절인 배춧잎을 넓게 펼쳐 놓고 오이를 위에 얹어 김밥 말듯이 돌돌 말아 김치통에 담아 냉장고에 바로 넣는다.
6. 먹을 때 모양 있게 썰어 그릇에 담고 잣을 올린다.

맛 포인트
색이 희거나 양쪽 끝 굵기 차이가 심하게 나는 것은 씨가 많은 것이라 맛이 없다. 천일염으로 문질러 씻으면 삼투압 작용에 의해 오이 표면에 묻어 있는 잔류 농약과 불순물을 말끔하게 씻어 낼 수 있다.

영양 성분
전체의 96%가 수분으로 시원한 맛의 청량감 있는 다이어트 식품이다. 비타민 A·C, 칼륨이 풍부하고, 칼슘·인·나트륨·철분도 들어 있다.

낙지깍두기 별미

재료

낙지 2kg
천일염 1/4컵
무 3개(3kg)
천일염 1/2컵

양념
쪽파 200g
청·홍고추 6개씩
마늘 60g
생강 10g
양파 1/2개(100g)
배 1/4개
조밥 1컵
액젓 1/2컵
고춧가루 2컵

담그기

1. 낙지 먹통과 내장, 눈, 빨판을 떼어 내고 천일염을 듬뿍 뿌려 거품이 나도록 문질러 씻어 미끈거림을 없앤다. 먹기 좋은 크기로 썰어 천일염 1/3컵으로 간하여 냉장고에 하루를 보관한 뒤 물기를 뺀다.
2. 무는 사방 2㎝ 크기로 깍둑썰기하여 1시간 정도 절여서 물기를 뺀다.
3. ②의 무에 고춧가루 1컵을 넣어 붉은 물을 들인다.
4. 쪽파는 송송 썬다.
5. 믹서에 홍고추·마늘·생강·양파·배·조밥을 넣고 간 뒤 액젓과 고춧가루를 넣고 잘 섞는다. 부족한 간은 소금으로 한다.
6. ③의 무에 ①의 낙지와 ⑤의 양념을 넣고 골고루 치댄 뒤에 쪽파를 넣고 버무려서 김치 통에 꼭꼭 눌러 담는다.

맛 포인트
낙지는 살이 두텁고 싱싱하며 크기는 중간 정도 되는 것이 맛있다. 흡판이 전체적으로 붉은빛을 띤 것이 근해에서 잡은 것이다. 흡판을 눌러 보아 단단하고 껍질이 제대로 붙어 있는 것을 고른다.

영양 성분
낙지는 지방이 적고 단백질이 풍부하며 아미노산의 일종인 타우린이 풍부하여 동맥경화를 비롯한 각종 생활습관병을 개선하는 효과가 있다.

전어섞박지 별미

재료
전어 500g
무 3개(3kg)

양념
마늘 60g
생강 10g
양파 1개
멸치액젓 1/2컵
새우젓 1컵
고춧가루 1.5컵
찹쌀풀 1컵
쪽파 다진 것 100g
대파 다진 것 1/2뿌리
소금

담그기

1. 전어는 비늘과 내장을 제거하고 1~2㎝ 간격으로 어슷 썬 뒤 소금을 뿌려 냉장고에 하루를 둔 뒤 수분이 빠지면 면보에 싸서 물기를 없앤다.
2. 무는 가로 세로 4㎝, 두께 1㎝ 크기로 썰어 소금을 약간 뿌렸다가 물기를 빼고 준비한 고춧가루의 반을 넣고 문질러 붉은 물을 들인다.
3. 마늘·생강·양파·새우젓 건더기를 믹서에 간 뒤, 젓갈과 남은 고춧가루, 찹쌀풀을 넣어 양념을 만든다.
4. ③에 ①의 전어를 넣고 버무린다.
5. ④에 ②를 넣고 버무린 뒤 파를 넣고 소금으로 간을 맞춰 김치 통에 꼭꼭 눌러 담는다. 하루 정도 실온에 두었다가 김치국물이 부풀어 오르면 저온에서 숙성시켜 먹는다.

맛 포인트
전어는 비린내가 단점이지만 요리하기 전에 쌀뜨물이나 소금물에 5분쯤 담가 놓거나 술이나 식초를 넣으면 비린내가 사라지고 살이 단단해진다.

영양 성분
전어의 칼슘 함유량은 우유의 2배로, 뼈째 먹으면 골다공증 예방 효과가 있다. 특히 불포화지방산인 DHA와 EPA가 풍부하여 어린이나 수험생의 두뇌에 좋고 혈액을 맑게 하여 생활습관병 예방에 좋다.

양파김치 별미

재료

절이기
양파 5개(1kg)
소금물(천일염 1/2컵 + 물 3컵)

양념
무 100g
쪽파 100g
부추 20g
홍고추 2개
까나리액젓 1/2컵
고춧가루 1/2컵
다진 마늘 40g
다진 생강 10g
통깨 1큰술
김치국물(소금 10g + 고춧가루 1작은술 + 다시마 맛국물 또는 생수 1컵)

맛 포인트

양파김치가 숙성되면 매운맛이 줄어들고 특유의 향이 감돌면서 시원한 맛이 난다. 고기 요리와 잘 어울린다. 양파는 수분이 많으므로 양념을 되직하게 해야 한다.

담그기

1 양파는 작은 것으로 골라 뿌리 부분을 그대로 두고 다듬어 깨끗이 씻고, 속이 빠지지 않게 이등분하여 서너 번 칼집을 넣은 뒤 소금물에 절여 물기를 뺀다.

2 무는 1cm 길이로 채 썰고, 쪽파와 부추는 1cm 길이로 썰고, 홍고추는 씨를 빼서 다지듯이 썬다.

3 액젓에 고춧가루를 넣어 불린 뒤 마늘과 생강, ②를 섞어 양념소를 만든다.

4 양파의 칼집 사이에 양념소를 채우고 나머지 양념으로 전체를 버무려서 김치통에 담는다.

5 양념을 버무린 그릇에 김치국물을 붓고 헹구어 양파김치를 담은 통 가장자리로 살짝 붓는다. 김치를 실온에 4~5시간 두었다가 냉장고에서 4~5일간 숙성시켜 매운맛이 없어지면 먹는다.

고추소박이 별미

재료

절이기
풋고추(1kg)
천일염 2/3컵(100g)
물 5컵

양념
무 1개(1kg)
대파 흰 부분 2뿌리
마늘 40g
생강 10g
고춧가루 1/2컵
멸치액젓 1/2컵
찹쌀풀 3큰술
설탕 1큰술
잣 30g

맛 포인트
고추는 끝이 둥근 것이 과피가 두껍고 연하다. 고추를 절일 때는 무거운 것으로 눌러 놓아야 한다. 끝물 고추를 사용할 때는 소금물에 삭혀 고추의 매운맛을 없애고 뻣뻣한 껍질을 부드럽게 한다.

담그기

1. 풋고추는 통통한 것을 골라 꼭지를 짧게 자른 뒤 칼집을 넣어 씨를 말끔히 빼서 소금물에 절여 놓는다.
2. 무는 3㎝ 길이로 곱게 채 썰어 소금을 뿌려 절였다가 물기를 꼭 짠다.
3. 대파는 3㎝ 길이로 채 썰고, 마늘과 생강도 곱게 채 썬다.
4. 고춧가루를 멸치액젓에 넣어 불린다.
5. ④에 ②, ③, 찹쌀풀, 설탕을 넣고 골고루 섞어 양념소를 만든다.
6. 절인 고추 안쪽의 물기를 닦아 낸 뒤 ⑤의 양념소를 꼭꼭 채워 넣고, 잣을 2~3개씩 박아 김치 통에 차곡차곡 담아 누름돌로 눌러 둔다.
7. 양념을 버무린 그릇에 소금과 물을 넣어 헹구어 통 가장자리에 붓고 숙성시켜 먹는다.

부추김치 별미

재료

부추 1단(800g)
찹쌀풀 1컵(찹쌀가루 1큰술 + 물 1컵)
고춧가루 1컵
양파 1/2개
마늘 40g
생강 10g
멸치액젓 1/2컵
설탕 1큰술
통깨 1큰술

담그기

1 부추는 뿌리 부분을 잘라 낸 뒤 흐트러지지 않도록 양손으로 모아 잡고 흐르는 물에 살살 씻어 물기를 턴다.
2 미리 쑤어 식혀 놓은 찹쌀풀에 고춧가루를 넣어 불린다.
3 믹서에 양파 · 마늘 · 생강 · 멸치액젓을 넣고 간다.
4 ②, ③, 설탕, 통깨를 한데 섞어 양념을 만든다. 간이 약하면 소금을 더한다.
5 ①의 부추를 ④의 양념으로 가볍게 버무려 김치 통에 꼭꼭 눌러 넣는다.

맛 포인트

부추는 소금에 절이면 수분이 빠져 나가 질겨지고, 손으로 주무르면 풋내가 나므로 가볍게 섞는다는 느낌으로 버무려야 한다. 양파즙과 찹쌀풀을 넣으면 부드러운 감칠맛과 단맛이 나며 숙성도 빨리 된다.

파김치 별미

재료

절이기
쪽파 1단(800g)

양념
마늘 20g
생강 10g
양파 1/2개(100g)
사과 1/2개(150g)
멸치젓 3/4컵
멸치액젓 2큰술
찹쌀풀 1컵(찹쌀가루 2큰술 + 물 1.5컵)
고춧가루 1컵
통깨 1큰술

담그기

1. 쪽파는 깨끗이 다듬어서 액젓을 뿌려 절이다가 중간에 한 번 뒤집어서 골고루 절인다.
2. 믹서에 마늘·생강·양파·사과·멸치젓을 넣고 간다.
3. 미리 쑤어 식힌 찹쌀풀에 고춧가루를 넣어 불린다.
4. ①의 파를 절여서 생긴 국물에 ②, ③을 넣고 골고루 섞어 양념을 만든다.
5. ①의 파 줄기 부분에 양념을 먼저 바른 뒤 잎에도 양념을 묻히면서 2~3가닥씩 손으로 잡아 돌돌 말아서 김치 통에 담은 뒤 통깨를 뿌린다.

맛 포인트

뿌리가 굵고 길이가 짧은 재래종 쪽파를 맑은 젓국으로 간하는 대표적인 전라도 김치로, 짙은 향과 매운맛이 특징이다.

영양 성분

파는 비타민 A·C를 비롯하여 칼슘과 칼륨이 풍부하다. 푸른 잎에는 비타민 A가 흰 부분의 6배나 되며 칼슘·철분·비타민 B2·비타민 C는 2배가 넘는다. 당질도 푸른 부분에 더 풍부하다. 파 특유의 자극적인 냄새와 맛은 유화아릴 성분에 의한 것으로, 유화아릴은 비타민 B1의 흡수를 돕고 소화액의 분비를 촉진하여 식욕을 증진시키고 피로를 풀어 준다.

고구마순김치 별미

재료

절이기
고구마순 2kg
천일염 1컵

양념
쪽파 100g
풋고추 5개
홍고추 20개
마늘 60g
생강 10g
고춧가루 1컵
멸치젓 1컵
새우젓 2큰술
찹쌀풀 1컵 (찹쌀가루 2큰술 + 물 1.5컵)
통깨 1큰술

맛 포인트
고구마 줄기를 소금에 절이면 껍질을 쉽게 벗길 수 있다. 고구마 줄기를 데쳐서 김치를 담그면 식감이 부드럽고 바로 먹을 수 있지만 빨리 시어 버린다. 고구마 줄기는 수분이 적으므로 국물이 자박자박하도록 부어야 숙성이 잘된다.

담그기

1. 고구마순을 잎을 떼어내고 씻어 1시간가량 소금물에 절여서 껍질을 벗기고 7~8cm 길이로 잘라 맑은 물에 헹구어 채반에 밭쳐 둔다.
2. 쪽파를 손질하여 4~5cm 길이로 썬다.
3. 풋고추는 반을 갈라 씨를 털어 내고 송송 썬다.
4. 홍고추 꼭지를 떼어 내고 작게 잘라서 믹서에 넣고, 마늘·생강·멸치젓·새우젓과 함께 간다.
5. 끓여서 식혀 놓은 찹쌀풀에 고춧가루를 넣어 불린 귀 ④를 섞어 양념을 만든다.
6. ⑥에 ①, ②, ③을 섞은 뒤 부족한 간은 소금으로 더하고, 김치 통에 꼭꼭 눌러 담아 숙성시킨다.

미나리김치 별미

재료

미나리 2단(600g)
당근 1/4개
청고추 2개
홍고추 2개
마늘 20g
생강 5g
멸치액젓 1/3컵
고춧가루 1/3컵
찹쌀풀 1/3컵
실고추 약간
통깨 1큰술
소금 약간

담그기

1. 미나리는 깨끗이 씻어서 물기를 빼고 6㎝ 길이로 썬 뒤 끓는 물에 소금을 넣고 재빨리 데쳐서 찬물에 헹구어 물기를 꼭 짠다.
2. 당근은 2㎜ 두께로 채 썬다.
3. 청고추·홍고추는 어슷하게 썬다.
4. 마늘·생강은 다진다.
5. 액젓에 고춧가루를 넣어 불린 뒤 ④를 넣고 섞어서 양념을 만든다.
6. ⑤에 ①, ②, ③, 찹쌀풀, 실고추, 통깨를 넣고 버무린 뒤, 소금으로 간을 조절하여 김치 통에 꼭꼭 눌러 담는다.

영양 성분

미나리는 카로틴이 풍부한 알칼리성 식품으로, 먹으면 머리가 맑아지고 혈압을 낮추는 효과가 있다. 특유의 방향성 정유 성분과 풍부한 철분이 보온·발한 효과를 내어 감기와 냉증 치료에도 좋다. 해독 효과가 뛰어나 복요리의 필수 재료로 쓰인다. 식욕을 돋우고, 식물섬유가 내장 벽을 자극하여 변비에도 효과가 좋다. 그러나 소화 기관이 약하고 몸이 찬 사람은 설사를 할 수도 있으므로 주의한다.

가지김치 별미

재료

절이기
가지 10개(1.6kg)
소금물(천일염 1컵 + 물 8컵)

양념
무 1/4개(300g)
마늘 80g
생강 10g
쪽파 5뿌리
부추 100g
고춧가루 1/4컵
까나리액젓 1/2컵
소금 1작은술
통깨 1큰술
김치국물(소금 6g + 물 1컵)

맛 포인트
가지는 윤기 있는 진보라색으로 표면이 탱탱하고 꼭지 부분의 가시가 날카로운 것이 싱싱하다. 썰어서 바로 물에 담가 두면 단면이 갈색으로 변하는 것을 막을 수 있고, 떫은맛을 제거할 수 있다.

담그기

1. 가지 가운데에 양쪽으로 길게 칼집을 넣고 끓는 소금물에 살짝 데쳐서 찬물에 헹구어 무거운 것으로 눌러 물기를 뺀 뒤 마른 행주로 닦는다.
2. 무는 4㎝ 길이로 곱게 채 썰어 소금에 절여 물기를 짠 뒤 고춧가루를 덜어 빨갛게 물들인다.
3. 마늘과 생강은 다지고, 쪽파와 부추는 물기를 뺀 뒤 3㎝ 길이로 썬다.
4. 남은 고춧가루에 ②, ③, 까나리액젓, 소금, 통깨를 넣어 양념소를 만든다.
5. ①에 ④의 양념소를 채우고 손으로 꼭꼭 오므려 모양을 다듬는다. 남은 양념을 겉에 묻혀서 김치 통에 차곡차곡 담는다.
6. 버무린 그릇을 김치국물로 헹구어 김치 통에 붓고 서늘한 곳에서 3~4시간 숙성시킨다.

깻잎김치 별미

재료

깻잎 10묶음(100장)
당근 1/2개
쪽파 50g
마늘 40g
생강 10g
양파 1/2개(100g)
풋고추 1개
홍고추 2개
밤 5개
까나리액젓 1/3컵
맛국물 1/2컵
고춧가루 1/2컵
설탕 1작은술
통깨 2큰술

담그기

1 깻잎을 흐르는 물에 깨끗이 씻어 채반에 건져 물기를 완전히 뺀다.
2 쪽파는 송송 썰고, 마늘과 생강은 다진다.
3 당근·양파·씨를 뺀 홍고추는 잘게 다지고, 밤은 잘게 채 썬다.
4 액젓과 맛국물에 고춧가루와 ②와 ③을 넣고 섞어서 양념을 만든 뒤 깻잎 한 장 한 장마다 양념을 올려 통에 차곡차곡 담는다.
5 담가서 바로 먹기도 하고, 2~3시간 정도 익혀 깻잎에 양념이 배면 냉장 보관해 두고 먹기도 한다.

맛 포인트

냄새가 강한 육류와 함께 먹으면 궁합이 잘 맞는다. 깻잎을 다듬을 때는 가지런히 놓고 꼭지를 칼로 자르면 음식을 만들었을 때 깔끔하다. 깻잎 가운데 양념한 무채를 놓고 돌돌 말아 담기도 한다.

고춧잎김치

재료

삭히기
풋고추 작은 것과 고춧잎 2kg
소금물(천일염 1.5컵 + 물 2컵)

양념
쪽파 100g
마늘 30g
생강 5g
찹쌀풀 1/2컵(찹쌀가루 1큰술 + 물 1/2컵)
멸치액젓 1컵
고춧가루 1컵
물엿 3큰술
소금 약간

담그기

1. 서리 맞은 고추와 고춧잎은 억센 줄기를 떼어 낸 뒤 그물망에 넣어 소금물에 담그고 무거운 것으로 눌러 7~10일 정도 노랗게 삭힌다. 시중에서 판매하는 것을 구입해도 된다.
2. 삭힌 고추와 고춧잎을 쓴맛이 들지 않도록 깨끗이 씻어 소쿠리에 건져 물기를 빼고 채반에 널어 그늘진 곳에서 꾸덕꾸덕하게 말린다.
3. 쪽파는 4~5cm 길이로 썰고, 마늘과 생강은 다진다.
4. 찹쌀풀에 멸치액젓을 섞고 고춧가루를 넣어 불린 뒤 ②를 섞어 양념을 만든다.
5. 양념에 고춧잎을 버무린다. 간이 약하면 젓국이나 소금을 넣어 약간 짭짤하게 하여 통에 꼭꼭 눌러 담는다. 익혀서 먹어야 쓴맛이 없어지므로 1주일 이상 두었다가 먹는다.

맛 포인트
고추장용 고춧가루를 빻을 때 나오는 고추씨를 넣으면 얼큰하고 구수한 맛이 더해진다. 저장성이 뛰어나 다음해 여름까지도 먹을 수 있는 밑반찬이 된다.

영양 성분
풋고추보다 더 많은 영양 성분이 들어 있는 고춧잎은 발육기 어린이는 물론 성인에게도 좋은 영양 공급원이다. 미용과 다이어트에도 효과가 있다.

무말랭이김치 별미

재료

무말랭이 70g
마른 고춧잎 40g
쪽파 5뿌리
마늘 30g
생강 5g
멸치액젓 1컵
고춧가루 1/2컵
물엿 1컵(240g)

담그기

1. 무말랭이와 고춧잎은 깨끗이 씻어서 미지근한 물에 담가 2~3시간 정도 불린 뒤 베 보자기에 싸서 물기를 꼭 짠다.
2. 쪽파는 4㎝ 길이로 썰고, 마늘과 생강은 곱게 다진다.
3. 멸치액젓에 고춧가루와 ②를 넣고 섞어 양념을 만든다.
4. ③에 ①을 넣고 골고루 섞은 뒤 물엿과 통깨를 넣어 버무린다. 약 20일 정도 삭혀 먹는다.

맛 포인트

햇볕에 잘 말린 무말랭이는 노란색이 감도는 흰색이다. 무말랭이를 맛국물에 불리면 깊은 맛이 난다. 절이지 않고 담그므로 양념을 짭짤하게 하고 물엿을 넣어 윤기를 더해 먹는다.

영양 성분

무를 썰어 말린 무말랭이에는 비타민과 칼슘, 철, 인 등 미네랄이 풍부하다.

톳김치 별미

재료

톳 800g
홍고추 2개
쪽파 10뿌리
마늘 20g
생강 5g
멸치액젓 1/2컵
고춧가루 1/2컵
설탕 1큰술
통깨 1큰술

담그기

1. 톳은 깨끗이 다듬어 소금물에 살짝 데쳐 찬물에 헹구어 물기를 뺀다.
2. 홍고추는 씨를 빼고 채 썬다.
3. 파·마늘·생강은 손질하여 씻어서 다진다.
4. 멸치액젓에 고춧가루를 넣고 불린다.
5. ④에 ③, 설탕, 통깨를 넣어 양념을 만든다.
6. ⑤에 ①, ②를 넣고 조물조물 버무린다.

맛 포인트

톳은 끓는 물에 살짝 데쳐서 바로 찬물에 담가 2~3회 정도 헹군다. 데쳐야 떫은맛이 없어지고 색깔도 선명해져서 식욕을 돋운다. 식초와 설탕을 넣어 새콤달콤하게 무쳐 먹는다.

파래김치 별미

재료
물파래 1kg
쪽파 2큰술
홍고추 10개
다진 마늘 30g
멸치액젓 1/2컵
통깨 1큰술
물 1큰술

담그기
1 파래를 찬물에 담가 부드럽게 주물러 씻은 뒤 물기를 꼭 짠다.
2 쪽파는 3㎝ 길이로 썬다.
3 홍고추는 씨를 빼고 곱게 다진다.
4 ②, ③, 마늘, 멸치액젓, 통깨를 한데 섞어 양념을 만든다.
5 ④에 ①을 넣고 조물조물 무친다.
6 양념 버무린 그릇에 물을 조금 넣어 양념을 깨끗이 헹구어 김치 통 가장자리로 붓는다.

맛 포인트
파래에서 나는 향은 디메틸설파이드dimethylsulfide라는 성분으로, 무칠 때 고춧가루를 넣으면 고유의 맛과 향이 달아나므로 고추를 다져 넣거나 채 썰어 넣어 매콤한 맛을 즐기는 것이 좋다.

과메기깻잎말이김치

재료

과메기 600g
깻잎 30~40장
부추 200g
양파 1개 반
마늘 60g
생강 10g
고춧가루 1컵
멸치액젓 1/2컵
찹쌀풀 1/2컵

담그기

1. 과메기 머리를 잘라 낸 뒤 뼈를 빼내고 굵게 채 썬다.
2. 깻잎은 흐르는 물에 씻어 채반에 밭쳐 물기를 뺀다.
3. 부추를 손질하여 4cm 길이로 썰고, 양파도 손질하여 그중 1개를 채 썬다.
4. 믹서에 남은 양파 반 개와 마늘, 생강을 넣고 간다.
5. 멸치액젓에 고춧가루를 풀고 ④를 섞어 양념을 만든다.
6. ⑤에 ①, ③을 넣고 골고루 버무린 뒤, ②의 깻잎 위에 올려놓고 돌돌 말아 김치통에 차곡차곡 담는다.

맛 포인트
과메기는 적당히 마른 것이 맛이 좋다. 기온이 높은 곳에서 말린 과메기는 색이 어둡고 비린내가 많이 나며, 지나치게 말린 것은 딱딱하니 주의해서 구입한다. 청어는 대개 구이로 많이 먹지만 회·백숙·조림·찜·지짐 등으로도 훌륭한 식재료다.

영양 성분
과메기는 청어를 말릴 때 눈을 꿰었다는 뜻의 '관목貫目'에서 유래한 이름으로, 발음상의 변화를 거쳐 '과메기'가 되었다. 메티오닌 등의 필수아미노산이 들어 있어 간장 해독 효과도 있다. 쓸개는 각종 눈병을 치료하는 데 쓰고, 비타민 B가 풍부한 간은 빈혈증이 있는 사람의 보혈제로 좋다. 쑤시고 아픈 다리를 풀어 주고 복수와 각종 부종을 제거하여 이뇨 작용을 촉진하는 효과도 있다. 청어알은 불포화지방산인 DHA와 EPA를 함유하고 있어 청어 살보다 영양가가 높으며 감칠맛이 난다.

약선 건강한 재료로 우리 몸에 힘을 보태는 **약선 김치**

연근갓물김치

재료

맛국물
물 9ℓ
다시마 50g
북어머리 100g
무 300g
건고추 40g
양파 1개
산사 80g
토판염 적당량

절이기
연근 1kg
비트 1개
갓 3.5kg
토판염 400g

양념
연자찹쌀죽(연자육 70g + 찹쌀가루 150g + 들깨 150g + 물 2.5ℓ)
홍고추 100g
쪽파 100g
미나리 100g
마늘 120g
생강 30g
배 1개

담그기

1 맛국물 재료를 한데 섞어 끓이기 시작하여 끓어오르면 국물이 잘 우러나도록 30분간 끓여서 식힌 뒤 토판염으로 간하여 면보에 거른다.
2 연근과 비트를 손질하여 0.5㎝ 두께로 썬다. ①의 맛국물을 조금 낸 뒤 연근과 비트를 담가 색을 낸다.
3 갓은 먹기 좋은 크기로 잘라 소금물에 절였다가 건져 물기를 뺀다.
4 연자육은 물을 갈아 가며 불린 뒤 믹서에 갈아 찹쌀가루와 들깨가루를 넣고 중불에서 묽게 죽을 쑤어 식혀 놓는다.
5 홍고추는 칼집을 넣는다.
6 쪽파와 미나리는 깨끗이 다듬어 씻어 5㎝ 길이로 썬다.
7 마늘과 생강은 편으로 썬다.
8 배는 강판에 갈아 즙을 받아 놓는다.
9 ③의 갓을 ④의 연자찹쌀죽에 버무린다.
10 ⑨에 ②, ⑤, ⑥, ⑦, ⑧을 넣고 섞은 뒤 ①의 맛국물을 붓고 간을 맞춘다.
11 단지에 담아 하루 정도 실온에서 숙성시킨 뒤 냉장 보관한다.

맛 포인트
연근은 손질한 즉시 식촛물에 담가 변색을 막고 떫은맛을 제거한다. 껍질을 벗길 때는 칼이나 필러를 이용하여 길게 벗겨 내며, 구멍 속의 이물질은 흐르는 물에서 나무젓가락으로 파낸다. 연근을 끓는 식촛물(물 1컵 + 식초 1큰술 + 소금 1큰술)에 삶으면 갈변을 막을 수 있고 아린맛이 제거되며 씹는 맛이 좋아진다.

영양 성분
연근의 주성분은 탄수화물이다. 연근을 잘랐을 때 단면이 검게 변하는 원인은 탄닌과 철분 때문이다. 탄닌은 수렴 및 지혈 작용을 하여 위궤양이 있거나 코피가 잘 나는 사람에게 효과적이다. 섬유질이 풍부하여 콜레스테롤 수치를 낮춰 주고, 비타민 B12 함유량이 높아 피로 회복·숙취 해소·신경 안정 효과가 있으며, 니코틴을 해독하는 아스파라긴산asparagine酸이 들어 있다. 뮤신mucin 성분은 단백질과 녹말의 소화를 돕고 위벽을 보호한다. 열을 내리고 마음을 안정시키므로, 불안감과 우울증 해소에 도움이 된다.

매실청 무말이김치

재료

절이기
무 1개(1.2kg)
소금물(천일염 1/2컵+물 3컵)
오이 4개(1kg)
당근 1개
천일염 1/2컵(오이, 당근 절임용)

양념
홍고추 5개
배 1개
마늘 40g
생강 15g
새우젓 2큰술

김치국물
물 5컵
감초 5조각
매실청 1/2컵

담그기

1. 손질한 무는 겉껍질을 벗겨 6cm 길이로 자른 뒤 얇게 돌려 깎아 15cm 길이로 잘라 소금물에 1시간 절여 물기를 뺀다.
2. 껍질째 씻은 오이는 6cm 길이로 잘라 돌려 깎은 뒤 굵게 채 썬다. 당근도 오이처럼 채 썰어 오이와 함께 살짝 절여 물기를 뺀다.
3. 홍고추는 반으로 갈라 씨를 털어 내고 6cm 길이로 잘라 굵게 채 썬다. 배 1/2개도 같은 크기로 썬다.
4. ①의 무를 펼쳐 놓고, ②와 ③을 올려놓고 풀리지 않도록 돌돌 만다.
5. 마늘과 생강을 편으로 썰어 새우젓과 함께 면보에 싸서 김치 통 바닥에 넣고 ④를 차곡차곡 넣는다.
6. 물 5컵에 감초를 넣고 끓여서 식힌 뒤에 매실청을 섞어서 김치국물을 만든다.
7. ⑤에 ⑥을 부어 실온에 하루 정도 두었다가 냉장고에 보관한다.
8. 먹을 때는 무말이를 이등분하여 그릇에 담아 낸다.

영양 성분

매실에는 사과산·호박산·주석산 등의 유기산이 5%나 함유되어 있어 신맛이 강하다. 매실은 대표적인 알칼리성 식품으로, 매실의 구연산은 해독·살균 효과가 강하여 식중독을 예방하며, 소화를 돕고, 피로 해소·간 기능 회복 효과가 좋다. 덜 익은 매실에는 아미그달린amygdalin 성분이 들어 있어 중독을 일으킬 수 있으므로 주의한다.

맛 포인트

김치국물에 매실청 대신 유자청을 넣기도 한다. 유자청을 넣을 경우에는 먹기 직전에 한두 방울 떨어뜨리면 향이 식욕을 자극한다. 국물이 많아 떡이나 고기를 먹을 때 물김치로 먹어도 좋다. 봄에는 속재료로 미나리를 사용해도 좋지만 여름에는 미나리 맛이 제대로 나지 않으므로 오이를 사용하는 것이 좋다.

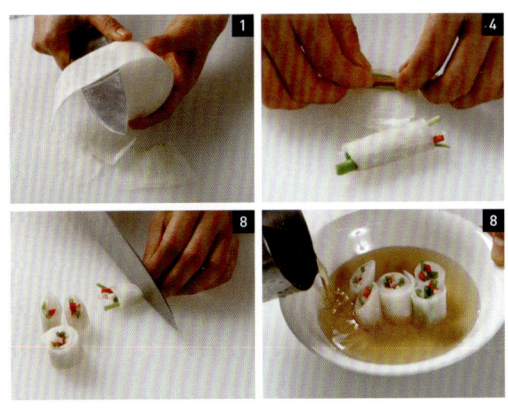

오미자물김치 약선

재료

절이기
- 총각무 1/2단(1kg)
- 배추 1/2(1kg)
- 소금물(천일염 1컵 + 물 4컵)

양념
- 쪽파 100g
- 마늘 30g
- 생강 5g
- 배 1/2개
- 사과 1개

오미자 김치국물
- 오미자 1컵(40g)
- 생수 10컵
- 소금 4큰술

담그기

1. 색이 선명한 오미자를 골라 물에 살짝 헹구어 생수에 담가 10시간 이상 불려 국물을 우려낸다. 국물이 빨갛게 우러나면 면보에 걸러 국물만 받아 소금으로 간한다.
2. 총각무는 억센 잎을 떼어 낸 뒤 2~3회 정도 씻어 소금을 흩뿌리고 물을 뿌려 가면서 절인다. 헹구어 물기를 뺀 뒤 무청이 엉키지 않도록 2개씩 잡아 묶는다.
3. 배추는 소금물에 담갔다가 건져서 배추 줄기 사이에 천일염을 뿌리고 5시간가량 충분히 절인 뒤 씻어서 채반에 건져 물기를 뺀다.
4. 쪽파는 배추가 거의 절여졌을 때 배추 절임물에 넣어 가볍게 절인 뒤 물기를 뺀다.
5. ③의 배추를 가지런히 포개 놓은 상태에서 길이로 이등분하여 ④의 쪽파로 허리를 묶는다.
6. 마늘과 생강은 편으로 썬다.
7. 배와 사과는 껍질째 큼직하게 잘라 심을 도려낸다.
8. 마늘과 생강을 면보에 싸서 항아리 밑바닥에 놓고, 총각무 → 배추 → 배 → 사과 순으로 통에 넣는다.
9. ⑧에 ①의 오미자 김치국물을 붓고 하루 정도 실온에서 익힌 뒤에 냉장고에 보관해 두고 먹는다.

영양 성분

예부터 여름철 갈증을 해소하는 음료로 애용해 온 오미자는 단맛·신맛·매운맛·쓴맛·짠맛의 5가지 맛이 난다고 해서 '오미五味子'라고 불린다. 이 가운데 신맛이 가장 강한데, 신맛은 흩어진 수분과 처진 기운을 모아 심장과 폐를 강하게 하고, 오랜 기침을 풀어 주는 효과가 있다. 또한 혈압을 내리고 면역 기능은 높여 주며, 두뇌 활동을 주관하는 신장과 비장을 도와 기억력을 강화해 주므로 뇌 활동이 많은 현대인과 수험생에게 권장할 만하다.

맛 포인트

오미자 즙은 차갑게 해서 먹어야 참맛을 느낄 수 있다. 끓이면 쓴맛이 나고 한약 특유의 맛이 생기므로 물에 우려내는 시간이 중요하다. 끓여서 식힌 따뜻한 물에 오미자를 담가 두면 빨리 우려낼 수 있다.

구기자배추김치 약선

재료

절이기
배추 5kg
천일염 500g
양념
구기자 물(마른 구기자 20g + 물 3컵)
무 300g
청각(마른 것) 20g
고추씨 250g
홍고추 50g
사과 1개
쪽파 120g
다진 마늘 80g
다진 생강 20g
멸치액젓 150g
새우젓(다진 것) 150g
찹쌀풀 2컵

담그기

1 배추를 이등분하여 소금에 절여 헹구어 채반에 받쳐 물기를 뺀다.
2 구기자를 물 3컵에 넣고 2컵이 될 때까지 끓여서 식힌다.
3 무는 채 썰어 소금물에 살짝 헹구어 물기를 빼고, 청각은 물에 불려 잘게 썬다.
4 고추씨를 믹서로 간 뒤, ②의 구기자 물에 고추씨를 넣어 불린다.
5 홍고추와 사과도 믹서에 간다.
6 쪽파는 3㎝ 길이로 썬다.
7 ③, ④, ⑤, ⑥, 마늘, 생강, 새우젓, 찹쌀풀을 한데 섞어 김칫소를 만든 뒤 ①의 배추에 골고루 발라 숙성시킨다.

영양 성분
구기자에는 각종 아미노산과 비타민 B₁ · B₂ · C, 칼륨, 베타인, 루틴이 들어 있다. 루틴은 모세혈관을 강화시키므로 고혈압 · 저혈압 · 동맥경화에 좋은 효과가 있다. 고추의 매운맛은 태좌 부분에서 나오므로 버려서는 안 된다. 고추씨의 감칠맛 성분인 아데닌adenine은 매운맛을 돋우어 준다.

참마김치 (약선)

재료

절이기
마 1kg
쌀뜨물
천일염 10g

양념
전복 2개
미나리(대) 5줄기
쪽파 20g
홍고추 2개
마늘 30g
생강 10g
멸치액젓 5큰술
물 5큰술
고춧가루 5큰술
참깨 1큰술

담그기

1. 마는 껍질을 벗기고 가로 2㎝, 세로 4㎝ 길이로 썰어 쌀뜨물에 살짝 데쳐서 식혀 소금물에 잠깐 절였다가 물기를 뺀다.
2. 전복은 살 부분에 소금을 뿌리고 솔로 문질러 표면의 더러움을 제거한 뒤 껍데기와 살을 분리하고 내장을 떼어 낸다. 살을 소금에 1시간 정도 절인 뒤 사선으로 썰어 물기를 없앤다.
3. 미나리와 쪽파를 손질하여 2㎝ 길이로 썬다.
4. 홍고추는 반으로 잘라 씨를 털어 내고 2㎝ 길이로 잘라 곱게 채 썬다.
5. 마늘·생강을 다진다.
6. 그릇에 멸치액젓과 물을 섞고 고춧가루를 넣어 불린 뒤 ⑤를 섞는다.
7. ⑥에 ①, ②, ③, ④를 넣고 가볍게 버무린다. 바로 먹을 수 있다.

맛 포인트
마의 점액질은 기운을 북돋워 주므로 씻어 내지 않고 가볍게 헹궈 그대로 먹는다. 필러보다는 쇠수세미로 얇게 껍질을 벗겨 내는 것이 좋다.

영양 성분
마의 끈적거리는 점액질은 위장과 소장의 작용을 돕는 뮤신 mucin 성분이다. 참마는 칼륨, 비타민 B·C, 식이섬유가 영양 균형을 이루는 건강식품이다.

더덕김치 〈약선〉

재료

절이기
생더덕 1kg
소금물(천일염 2/3컵 + 물 3컵)

양념
쪽파 50g
미나리 10줄기
마늘 30g
생강 5g
고춧가루 1/2컵
찹쌀풀 1큰술(찹쌀가루 1큰술 + 물 1.5컵)
멸치액젓 1/2컵

김치 덮개
소금에 절인 배추 우거지 적당량

맛 포인트
잔뿌리가 적고 몸체가 쭉 뻗은 것, 색이 희고 향이 좋으며 심이 없는 것, 껍질을 벗겼을 때 살이 보풀보풀한 것이 좋다. 더덕 살이 흩어지지 않도록 자근자근 두드린다. 수분이 적고 섬유소가 질긴 편이므로 풀을 묽게 쑤어 김치국물이 자작할 정도로 촉촉하게 보관해야 숙성이 잘된다.

담그기

1 더덕은 껍질을 벗겨 칼집을 넣어 방망이로 자근자근 두들긴다.
2 ①의 더덕을 소금물에 1시간가량 절인 뒤 찬물에 한 번만 헹구어 물기를 뺀다.
3 쪽파와 미나리는 손질하여 0.5㎝ 길이로 자르고, 마늘과 생강은 다진다.
4 미리 쑤어 식힌 찹쌀풀에 멸치액젓을 섞고 고춧가루를 넣어 불린다.
5 ④에 ③을 넣어 양념소를 만든다.
6 ②에 ⑤를 채워 넣고 남은 양념으로 전체를 버무린 뒤 단지에 꼭꼭 눌러 담는다.
7 배추 우거지로 그릇에 남은 양념을 깨끗이 닦아서 더덕김치를 덮는다. 시원한 곳에 두고 먹는다.

도라지김치 약선

재료

절이기
도라지(1kg)
천일염 1/4컵

양념
마늘 40g
생강 10g
쪽파 100g
찹쌀풀 1/2컵(찹쌀가루 1큰술 + 다시마 맛국물 1/2컵)
멸치액젓 1/2컵
고춧가루 1/2컵
설탕 1큰술
소금 약간

담그기

1. 도라지는 껍질을 벗겨 6cm 길이로 잘라 칼집을 넣는다.
2. 움푹한 그릇에 도라지를 담은 뒤 소금을 뿌려 뽀얀 물이 나올 정도로 주물러 쓴맛을 뺀다.
3. 마늘과 생강은 곱게 다지고, 쪽파는 1cm 길이로 썬다.
4. 미리 쑤어서 식힌 찹쌀풀에 멸치액젓을 섞고 고춧가루를 넣어 불린다.
5. ④에 ③, 설탕을 넣고 골고루 섞어 양념소를 만든다.
6. 도라지에 칼집을 넣어 속의 물기를 마른 행주로 닦아 낸 뒤 속을 벌리고 양념소를 채운다.
7. ⑥에 통깨를 뿌려 섞은 뒤 김치 통에 꼭꼭 눌러 담는다.

맛 포인트
소금을 뿌리고 바락바락 주물러 씻어야 아린맛이 사라지고 부드러워진다. 쓴맛이 있으므로 설탕을 조금 넣고, 모자라는 간은 액젓으로 맞춘다.

영양 성분
도라지에 풍부한 사포닌은 위산 분비를 억제하고, 기관지 건강을 지켜 주고 암세포 소멸을 돕는다.

수삼김치

재료

절이기
수삼(3년근) 10뿌리(800g)
소금물(천일염 1/4컵 + 물 2컵)
양념
쪽파 50g
미나리 30g
홍고추 2개
마늘 10g
생강 5g
고춧가루 3큰술
멸치액젓 2큰술
새우젓 2큰술

담그기

1. 수삼은 마르지 않은 것을 골라 잔털이 상하지 않도록 조심해서 씻은 뒤 길게 반으로 갈라 소금물에 1시간 절인 뒤 건져서 한 번 씻어서 물기를 뺀다.
2. 손질한 쪽파와 미나리를 4㎝ 길이로 썬다. 홍고추는 어슷 썬다.
3. 마늘과 생강을 다지고, 새우젓 건더기를 다져 둔다.
4. 멸치액젓에 새우젓을 섞고 고춧가루를 넣어 불린 뒤 마늘과 생강을 섞는다.
5. ④에 ①의 수삼을 넣고 골고루 버무린 뒤 ②를 넣고 가볍게 섞어서 김치 통에 꼭꼭 눌러 담는다.

맛 포인트
수삼김치는 발효되면 신맛 때문에 수삼의 독특한 풍미를 느낄 수 없으므로 빨리 먹는 것이 좋다. 잣을 다져 가루 내어 양념에 섞기도 하고, 밤이 대추를 채 썰어 고명으로 올려 음식의 격을 높이기도 한다.

우엉김치

재료

절이기
- 우엉 1kg
- 소금물(천일염 2/3컵 + 물 3컵)
- 식초 1큰술

양념
- 쪽파 100g
- 마늘 40g
- 생강 10g
- 새우젓 2큰술
- 멸치액젓 3큰술
- 고춧가루 1컵
- 찹쌀풀 1컵(찹쌀가루 1큰술 + 물 1.5컵)
- 설탕 1/2큰술
- 소금 약간
- 통깨·소금 약간

맛 포인트
굵은 것은 바람이 들었을 수 있으므로 중간 크기에 표면이 매끈하고 무게에 비해 묵직한 것이 좋다. 물에 담가 껍질을 벗기면 갈변을 막을 수 있다. 우엉은 수분이 적으므로 풀을 약간 묽게 쑤고, 액젓으로 농도를 조절한다.

담그기

1. 우엉 껍질을 벗기고 깨끗이 씻어서 0.5㎝ 두께로 어슷 썬 뒤 표면이 검어지지 않도록 식초를 탄 소금물에 1시간 정도 절였다가 찬물에 헹구어 물기를 뺀다.
2. 쪽파는 4㎝ 길이로 자른다.
3. 마늘과 생강은 곱게 다지고, 새우젓 건더기를 다져 둔다.
4. 미리 쑤어 식혀 둔 찹쌀풀에 ③, 멸치액젓, 고춧가루를 섞어 양념을 만든다.
5. ④에 ①의 우엉을 넣고 골고루 버무려 소금으로 간을 맞추고, 쪽파와 통깨를 넣고 한 번 더 섞은 뒤 통에 꼭꼭 눌러 담는다. 즉석에서 먹어도 맛과 향이 좋은 김치이다.

전복김치 약선

재료

절이기
무 1/4개(300g)
천일염 2큰술

양념
전복 5개
천일염 3큰술(전복 씻기용)
밤 10개
홍고추 2개
쪽파 30g
다진 마늘 20g
고춧가루 3큰술
멸치액젓 3큰술
새우젓 2큰술
잣 2큰술

담그기

1. 전복은 살에 소금을 뿌려 솔로 박박 닦아서 씻은 뒤 껍데기를 분리하고 내장을 떼어 내 손질한 뒤 물기를 빼고 저며 둔다.
2. 무를 가로 3cm, 세로 3.5cm, 두께 0.5cm 크기로 썰어 소금에 절여서 헹구어 물기를 뺀다.
3. 밤은 편으로 썰고, 홍고추는 씨를 빼고 어슷 썬다. 쪽파는 3cm 길이로 썬다.
4. 멸치액젓과 새우젓에 고춧가루를 넣고 불린 뒤 마늘을 넣고 양념을 만든다.
5. ④에 ②를 넣고 버무려 붉은 물을 들인 뒤 ①의 전복을 넣고 버무린다.
6. ⑤에 ③을 넣고 한 번 더 버무린 뒤 잣을 고명으로 얹는다.
7. 전복김치는 담가서 바로 먹는다. 숙성이 빠르므로 조금씩만 담가 먹는 것이 좋다.

맛 포인트
전복 껍질을 용기로 이용하여 사람 수대로 상에 내면 좋다. 약선 김치로, 조개류 특유의 향미를 살려 식욕을 돋울 수 있을 뿐만 아니라 보기에도 좋은 귀한 김치가 된다.

바나나갓김치 약선

재료

절이기
갓 2kg
우엉 500g
쪽파 100g
바나나 150g
천일염 200g

양념
고춧가루 180g
멸치젓 100g
새우젓 100g
마늘 60g
생강 10g
들깨찹쌀풀 200g(들깨가루 2큰술 + 찹쌀가루 2큰술 + 물 2컵)
맛국물 3컵(다시마·양파·대파·표고·무·북어 대가리·마늘 적당량 + 물 4컵)

담그기

1. 갓은 포기째 손질하여 소금에 절여 헹구어 채반에 건져 둔다.
2. 껍질 벗긴 우엉을 두께 1cm, 길이 4cm로 잘라 식초물에 담갔다가 건져 둔다.
3. 손질한 쪽파를 살짝 절인다.
4. 들깨찹쌀풀을 걸쭉하게 쑤어 식힌다.
5. 맛국물 재료를 물에 넣고 3컵이 되도록 끓여서 식혀 둔다.
6. 마늘과 생강은 다지고, 새우젓과 바나나는 믹서에 간다.
7. ⑤에 고춧가루를 넣어 불린 뒤 ⑥을 섞어 양념을 만든다.
8. ⑦에 ①, ②, ③, ④를 넣고 버무려 김치 통에 꼭꼭 눌러 담고 4~5일간 실온에 두었다가 냉장 보관하여 숙성시켜 먹는다. 갓은 다른 채소보다 숙성이 더디다.

맛 포인트
바나나는 껍질에 갈색 반점이 생겼을 때 당도와 영양가가 높다. 바로 먹으려면 갈색 반점이 있는 것을 고르고 나중에 먹으려면 꼭지에 녹색 부분이 남아 있는 것을 고른다.

영양 성분
바나나는 저지방 고단백품으로 탄수화물과 섬유질이 풍부하고 열량이 높으며 비타민 C · 비타민 B6, 판토텐산, 엽산이 다량 함유되어 있다. 다이어트 중이거나 당뇨병 환자는 하루에 1개 정도가 적당하다.

제4장

김치 활용 요리

김치는 세계 최고의 웰빙 식품

김치는 전 세계인들에게 최고의 찬사를 받고 있다. 우리나라의 음식 문화를 대표하는 김치의 효능이 과학적으로 규명되면서 세계적인 관심의 대상이 되고 있는 것이다. 하지만 김치 종주국이라는 자부심만으로는 우리의 식탁을 지킬 수 없는 상황이 되었다. 우리의 식탁은 이미 중국산 김치에 점령 당했고, 물량 면에서도 수입국으로 전락해 버렸기 때문이다.

음식 문화도 경쟁력을 갖춰야만 살아남을 수 있다. 그러기 위해서는 우리 음식 문화의 전통을 보존하고 계승해야 하며, 세계인들이 김치에 쉽게 접근할 수 있도록 노력해야 한다.

세계가 하나되면서 식생활이 다양해지고, 그로 인해 퓨전fusion 요리가 각광 받고 있다. 퓨전은 '결합' 또는 '연합'을 뜻하는 말로, '여러 가지를 하나로 합친다'라는 의미를 담고 있다. 이는 음식에서도 예외가 아니다. 동서양의 조리 기법과 식재료의 다양화로 새로운 맛이 창조되는 상황에서 김치 퓨전 요리는 개발 가능성이 무궁무진하다고 할 수 있다.

우리나라가 김치 산업을 이끌어 나가기 위해서는 다양한 김치 상품을 공급하고 전 세계인의 입맛에 맞는 김치 퓨전 요리를 개발할 필요가 있다. 현지인의 식생활 패턴을 파악하고 유통 구조를 개선하며, 상품 단위와 품질을 향상시키는 등의 적극적인 노력이 수반되어야만 현지인의 입맛에 맞는 상품과 기능성 김치를 개발할 수 있을 것이다. 이와 더불어 효과적인 마케팅 전략도 병행되어야 할 것이다.

세계인의 입맛에 맞는 조리법을 활용한 김치 퓨전 요리의 가능성은 밝다.

이번 장에서는 김치의 세계화와 김치 산업의 활성화를 기대하며 김치를 활용한 맛있는 요리를 소개할 것이다.

〈표9〉 조리 방법별 김치 이용법

밥	김치밥 / 김치볶음밥 / 김치비빔밥 / 김치국밥 / 김치말이
죽	김칫국 / 갱식(갱죽)
만두	만둣국 / 김치만두 / 메밀만두 / 굴린만두 / 편수
냉면	동치미냉면 / 나박김치냉면 / 냉면 / 생치냉면 / 열무김치냉면 / 김치냉면 / 회냉면 / 물냉면 / 평양냉면
국수	국수비빔 / 메밀국수비빔 / 비빔국수 / 냉국수 / 메밀막국수 / 김치막국수 / 김치비빔국수 / 김치수제비 / 김치칼국수 / 동치미국수 / 열무김치국수
국	김칫국 / 굴냉국 / 김치굴탕
찌개	김치찌개 / 순두부찌개 / 콩비지찌개 / 김치순두부찌개 / 청국장찌개 / 김치전골 / 김치생선찌개 / 깍두기찜 / 김치조치
적·전	김치적 / 김치전 / 김치느름적 / 김치산적 / 김치빈대떡 / 김치장떡 / 행전 / 행적 / 녹두빈자
묵무침	메밀묵무침 / 도토리묵무침 / 김치청포묵무침 / 김치도토리묵무침 / 메밀묵김치쌈
김치채	김치겨자채 / 김치잡채 / 김치냉채 / 김치해파리볶음 / 김치샐러드
찜·조림	김치돼지갈비찜 / 김치돼지고기찜 / 김치말이찜 / 김치생선조림
쌈	김치쌈 / 김치편육말이
기타	김치반숙 / 두부김치 / 도치두루치기볶음 / 동치미무구이

김치말이편육

재료 돼지고기 목살 400g, 새우젓, 마늘 5쪽, 배추김치 1/2포기, 깻잎 20장, 홍고추 2개, 쪽파 30g **돼지고기 삶기** 된장 1큰술, 대파 1뿌리, 마늘 4쪽, 생강 1톨, 월계수 잎 1장, 통후추 15알 **새우젓 양념장** 새우젓 3큰술, 고춧가루 · 다진 파 · 다진 마늘 1작은술씩, 깨소금 1/2큰술

만들기

1 냄비에 물을 붓고 된장 · 대파 · 마늘 · 생강 · 월계수 잎 · 통후추를 넣어 끓기 시작하면 돼지고기를 넣어 삶는다.
2 김치는 소를 털어 낸 뒤 물에 헹구어 물기를 빼고, 깻잎은 씻어 물기 제거한다.
3 홍고추 · 마늘은 채 썰고, 쪽파는 3㎝ 길이로 썬다.
4 ①의 돼지고기를 식혀서 0.5㎝ 두께로 썬다.
5 ②의 김치를 펼쳐 놓고, 깻잎과 돼지고기를 얹은 뒤 ③의 홍고추 · 쪽파 · 마늘을 올려서 만다.
6 분량의 재료로 새우젓 양념장을 만들어 곁들여 낸다.

김치춘권말이튀김

재료 춘권피 10장, 튀김옷(밀가루 1/3컵 + 물 3큰술), 당면 60g, 쇠고기(핏물 뺀 것) 100g, 김치 200g, 표고(불린 것) 3장, 당근 30g, 청 · 홍고추 2개씩, 쪽파 50g, 양파 1/4개, 다진 마늘 1큰술, 마른 고추 2개, 식용유 **춘권소 양념** 간장 · 녹말 물 1큰술씩, 설탕 · 맛술 1/2큰술씩, 후춧가루 · 참기름 1작은술씩

만들기

1 당면은 따뜻한 물에 불려 3~4㎝ 길이로 자른다.
2 분량의 재료를 섞어 춘권소를 만들어 둔다.
3 쇠고기는 채 썰고, 김치는 소를 털어 내어 채 썰고, 표고 · 당근 · 고추도 채 썬다.
4 쪽파는 3~4㎝ 길이로 자르고, 양파는 채 썬다.
5 프라이팬을 달구어 식용유를 두르고, 양파 · 마늘 · 마른 고추를 볶아 향을 낸 뒤 마른 고추는 건져 내고, 고기 → 김치 → 당면 → 표고 → 당근 → 고추 → 쪽파 순으로 볶는다.
6 밀가루와 물을 섞어 튀김옷을 되직하게 만든다.
7 춘권피를 펴서 ⑤를 얹어서 돌돌 만 뒤 ⑥을 발라서 170℃의 기름에 튀겨 낸다.

김치어만두

재료 흰살 생선 300g(양념 : 소금 1작은술, 생강즙 1작은술, 참기름 적당량), 소고기 100g(양념 : 간장 1큰술, 다진 파 2작은술, 다진 마늘 1작은술, 설탕 1작은술, 소금·후추 적당량), 백김치 100g, 청·홍고추 1개씩, 쪽파 10g, 숙주 50g, 전분 **초간장** 간장 2큰술, 식초·설탕 1큰술씩, 레몬 1조각

만들기

1 흰살 생선은 얇게 포를 떠서 소금·참기름·생강 즙으로 밑간한다.
2 소고기는 물에 담가 핏물을 제거한 뒤 물기를 없애고 채 썰어 양념장으로 밑간한다.
3 백김치·고추는 채 썰고, 쪽파는 3㎝ 길이로 썬다.
4 끓는 물에 소금을 넣고 숙주를 데쳐서 찬물에 헹구어 물기를 뺀다.
5 ①의 생선살을 펴 놓고 전분을 뿌린 뒤 ②, ③을 올려 놓고 돌돌 말아 김 오른 찜기에 10분 정도 쪄 낸다.
6 초간장을 곁들여 낸다.

김치해산물소면

재료 새우 5마리, 오징어 1/3마리, 낙지 1/2마리, 소라 2개, 김치 50g, 양파 1개, 소면 50g, 간장 1/2컵, 고춧가루 2큰술씩, 마늘(다진 것) 30g, 대파 흰 부분(다진 것) 1뿌리, 설탕·소금·후추 적당량, 녹말 물(녹말 45g + 물 1/2컵), 가쓰오부시 적당량

만들기

1 해산물은 깨끗이 손질하여 적당한 크기로 썬다.
2 김치는 소를 털어 내어 굵게 채 썰고, 양파도 채 썬다.
3 달군 팬에 식용유를 두르고 마늘을 볶아 향을 낸 뒤, 해산물과 양파, 대파를 넣고 볶는다.
4 ③에 김치·설탕·간장·소금·후추를 넣고 볶은 뒤 녹말 물을 넣어 농도를 맞춘다.
5 소면을 삶아 찬물에 헹구어 물기를 뺀 뒤 먹기 좋게 말아 사리를 만들어 놓는다.
6 접시에 ④를 담고 소면을 올린 다음 가쓰오부시를 얹어 준다.

복주머니김치쌈

재료 배추김치(잎 부분) 100g, 미나리 줄기 20g, 돼지고기 50g, 쇠고기 50g, 양파 20g, 당근 20g, 소금·후추·두부 20g,

만들기

1 돼지고기·쇠고기·양파·당근·두부를 곱게 다져 치댄다.
2 미나리는 소금물에 살짝 데친다.
3 배추김치를 펴 놓고 그 위에 ①을 얹고 복주머니처럼 싸서 미나리로 묶는다.
4 ③을 김이 오른 찜 솥에서 15분 정도 쪄 낸다.

와인백김치두부말이

재료 두부 1모, 양파·버섯·대파 20g씩, 마늘 5g, 백김치 40g, 돼지고기 100g, 부추 20g, 배추김치 50g, 참기름 적당량, 날치알 20g, 새싹채소 20g **백김치 드레싱** 백김치국물 20g, 설탕·소금·식초 10g씩, 간장 약간

만들기

1 두부를 면포에 싸서 으깨 물기를 없애고, 양파·버섯·대파·마늘·백김치·돼지고기·부추를 다진다.
2 팬에 ①을 넣고 볶은 뒤 참기름을 넣는다.
3 배추김치는 잎이 넓은 것으로 골라 물기를 짜서 펴 놓고 ②를 올린 뒤 김밥처럼 돌돌 만다.
4 먹기 좋은 크기로 썰어 담은 뒤 날치알과 새싹채소로 장식하고 백김치 드레싱을 뿌린다.

김치보쌈국밥

재료 밥 1공기, 배추김치·갓김치·깻잎김치 20g씩, 미나리 줄기 20g, 참기름·소금·후추 적당량 **맛국물** 무, 양파, 마른 다시마, 마늘, 대파

만들기

1 밥에 참기름과 소금을 넣고 버무려 놓는다.
2 미나리는 끓는 물에 살짝 데친다.
3 갓김치와 깻잎김치는 잘게 다져서 ①의 밥과 섞는다.
4 배추김치 위에 밥을 적당한 크기로 뭉쳐 올려 놓고 돌돌 만 뒤 미나리로 허리를 묶는다.
5 맛국물에 ④를 넣고 끓인 뒤 참기름·소금·후추로 간한다.

김치쇠고기말이

재료 쇠고기(안심) 300g(양념 : 간장 1큰술, 설탕 1/2큰술, 다진 마늘 10g, 다진 파 20g, 양파즙 1큰술, 소금·후추 적당량), 백김치·동치미·당근·양파·오이 50g씩, 무순 10g

만들기
1 안심은 핏물을 제거한 뒤 물기를 없애고 얇게 썰어 불고기 양념에 30분간 재운다.
2 백김치와 동치미는 소를 털어 낸 뒤 채 썰고, 당근·양파·오이는 손질하여 채 썬다.
3 ①에 ②와 무순을 올려 김밥 말듯이 만다.
4 프라이팬에 기름을 살짝 두르고 ③을 지진다.

김치쇠고기크로켓

재료 배추김치 30g, 쇠고기 100g, 당근·양파 20g씩, 달걀 2개, 녹말가루 2큰술, 소금·후추 적당량, 빵가루 약간

만들기
1 배추김치, 쇠고기를 다진다.
2 당근과 양파를 다져서 식용유를 두르고 볶는다.
3 ①과 ②를 한데 섞는다.
4 달걀·녹말가루·소금·후추를 넣고 잘 치댄다.
5 ③을 원하는 모양으로 빚어 ④을 입힌 뒤에 빵가루를 묻혀 기름에 노릇노릇하게 튀긴다.
6 접시에 예쁘게 담는다.

김치베이컨말이

재료 배추김치(잎 부분) 100g, 백김치(잎 부분) 20g, 베이컨 20g, 당근·무 30g씩, 소금·후추 적당량

만들기
1 당근과 무를 손질하여 채 썰어 소금과 후추로 약하게 간하여 볶는다.
2 ①을 백김치로 감싼 뒤 다시 한 번 배추김치로 감싼다.
3 ②를 베이컨으로 감싼다.
4 180℃로 예열한 오븐에 살짝 굽는다.

오징어김치초회

재료 오징어 1마리, 청·홍피망 각 1/2개, 노란 파프리카 1/2개, 양파 1/4개, 깻잎 4장 **초고추장** 고추장 2큰술, 식초 1큰술, 설탕 1/2큰술

만들기

1 오징어는 껍질을 벗기고 칼집을 내어 통째로 끓는 물에 데쳐 물기를 없앤다.
2 피망·파프리카·양파는 채 썬다.
3 ①의 오징어를 편 뒤 깻잎을 깔고 ②를 가지런히 올려 돌돌 만 뒤 먹기 좋은 크기로 썬다.
4 초고추장을 곁들여 낸다.

김치장어말이

재료 장어 1마리, 김치 1/2포기, 백김치 1/2포기, 데리야키 소스 50㎖, 김치국물 2큰술, 고추 2개, 마늘·고추장 1큰술씩, 고춧가루 적당량

만들기

1 데리야키 소스에 김치국물·고추·마늘·고추장·고춧가루를 넣고 골고루 섞어 끓인다.
2 석쇠에 손질한 장어를 올려 ①을 골고루 발라 가며 굽는다.
3 랩을 깐 뒤 김치 → 장어 → 백김치 → 장어 → 김치 순으로 쌓아 돌돌 만다.
4 ①의 소스를 곁들여 낸다.

김치떡

재료 멥쌀가루 500g, 치자 5g, 복분자 진액, 쑥가루 10g **떡소 만들기** 오이김치·부추김치·배추김치 각 20g, 설탕 10g, 참깨 적당량

만들기

1 멥쌀가루에 치자·복분자 진액·쑥가루를 각각 넣어 반죽한다.
2 동그랗게 빚은 반죽에 색깔별로 각각의 소를 넣어 호박, 복숭아, 나뭇잎 모양으로 만든다.
3 수증기가 오르는 찜통에 ②를 넣어 10분간 쪄 낸다.

고구마김치초콜릿

재료 배추김치 100g, 고구마 3개, 다크 초콜릿 200g, 화이트 초콜릿 200g, 우유 100g, 생크림 100g, 버터 30g, 설탕 50g, 견과류 적당량

만들기
1. 배추김치는 다져서 물기를 제거하고, 고구마는 삶아서 으깨어 놓는다.
2. 초콜릿은 중탕한다.
3. 우유·생크림·버터·설탕을 넣어 끓인다.
4. ①, ③, 견과류를 한데 섞는다.
5. ⑤를 동그랗게 빚은 뒤 초콜릿을 묻힌다.

복분자주스김치젤리

재료 젤라틴 10g, 복분자 주스 500cc, 설탕 60g, 백김치 50g, 배추김치 50g, 레몬즙 1큰술

만들기
1. 가루 젤라틴을 찬물에 10분 정도 불린다.
2. 김치를 다진다.
3. 복분자 주스와 설탕을 넣고 끓인 뒤 ①의 젤라틴을 넣어 녹인다.
4. ③에 ②와 레몬즙을 넣고 약간 식혀서 틀에 넣어 굳힌다.

김치쿠키

재료 박력분 30g, 베이킹파우더 5g, 버터 60g, 설탕 50g, 달걀 1개, 다진 배추김치 50g, 다진 호두 20g

만들기
1. 박력분과 베이킹파우더를 함께 체에 내린다.
2. 실온에서 버터를 녹여 움푹한 그릇에 담은 뒤 설탕을 넣어 가면서 휘저어 크림 상태로 만든 뒤 달걀을 풀어 크림 상태의 버터와 분리되지 않도록 조금씩 부어 가며 골고루 섞는다.
3. ①, ②, 김치, 호두를 섞은 뒤 고무 주걱을 위에서 아래로 들어 올리며 칼로 자르듯이 되직하게 반죽한다.
4. 팬에 유산지를 깐 뒤 반죽을 납작하게 만들어 오븐에 올려 180℃에서 15분간 굽는다.

제5장

우리 김치의 역사와 문화

김치의 역사와 발달 과정

김치는 한국인에게는 없어서는 안 될 중요한 음식이자 맛과 영양, 저장성 등을 고루 갖춘 자랑스러운 음식이다. 한 마디로 '한민족 음식 문화의 정수精髓'라고 할 수 있다.

사계절이 뚜렷한 우리나라는 전통적으로 채소 위주의 식생활을 해 왔다. 채소를 재배할 수 없는 겨울 동안 신선한 상태의 채소를 먹기 위해 선조들은 '김치'라는 매우 유용한 채소 저장법을 개발했다.

김치의 어원은 '채소를 소금물에 담근다'라는 의미의 '침채沈菜'에서 왔다. 상고시대에는 김치를 '저菹'라는 한자어로 표기했다. 우리의 옛말로는 '지漬'로, 지는 장아찌나 오이지처럼 짠맛이 강한 것을 일컫는다. 김치의 주재료는 일반적으로 무와 배추지만, 여러 가지 푸성귀와 고추·파·마늘·생강 등의 향신채소와 젓갈도 들어간다.

'침채沈菜'라는 한자어에서 비롯된 김치라는 말이 본고장인 중국에는 없는 것으로 보아 우리가 만들어 낸 것으로 생각된다.

김치의 태동기 – 상고시대

인류가 찾은 최초의 음식 보관법은 햇볕에 말리는 일광 건조였다. 소금이 발견된 뒤에는 소금에 절이는 염장법을 개발했고, 나아가 발효라는 완벽한 식품 저장법을 완성하게 되었다.

우리나라의 김치는 삼국 형성기 이전부터 정착된 농경 문화와 밀접한 관련이 있다. 김치에 관한 최초의 기록은 3천 년 전에 쓰여진 중국 최초의 시집 《시경詩經》에서 찾을 수 있다. "밭둑에 외가 열렸다. 외를 깎아 저菹를 담자. 이것을 조상께 바쳐 수壽를 누리고 복을 받자."라고 하는 부분이 있는데, 저菹가 곧 김치의 원류原流다. 중국 문헌에서는 김치류를 '저菹'라 하였으나 우리는 '지漬'라고도 하였다. 《시경》이 나온 시기에 우리 민족이 만주를 주생활 무대로 활동했음을 미루어 볼 때 중국뿐만 아니라 우리 민족도 단순 염장류의 김치를 먹기 시작했다고 볼 수 있다.

김치의 실질적 등장기 – 삼국시대

삼국시대 및 통일신라시대 이전의 문헌에는 김치를 의미하는 저菹에 관한 기록이 보이지 않는다. 그러나 《당서唐書》의 "삼국의 식품류는 중국과 같다."라는 기록으로 보아 중국 후위(後魏) AD 530~550년 말엽에 편찬된 《제민요술濟民要術》에 열거된 오이·박·토란·아욱·무·마늘·파·부추·갓·배추·생강·가지 등을 우리나라 사람들도 즐겼을 것으로 추정할 수 있다.

우리 민족이 고대부터 채소를 즐겨 먹었고 소금을 만들어 사용했다는 사실과, 역사적으로 젓갈이나 장 등의 발효 식품이 만들어진 시기 등을 고려할 때 김치류는 삼국시대 이전부터 제조된 것으로 보인다.

우리나라 김치에 관한 최초의 기록은 중국의 《삼국

지위지동이전三國志魏志東夷傳》〈고구려조高句麗條〉에 있다. "고구려인은 채소를 먹고, 소금을 멀리서 날라다 이용하였으며, 초목이 중국과 비슷하여 장양(藏釀, 술 빚기, 장 젓갈 담기)에 능하다."라고 하여 이 시기에 이미 저장 발효 식품이 생활화되었다는 사실을 입증해 주고 있다.

고구려 안악고분安岳古墳 벽화에는 우물가 장독대에서 음식을 독에 담는 듯한 모습이 있다. 이는 당시에 장류나 소금에 절여 발효한 김치류가 성했음을 짐작하게 한다. 《삼국사기三國史記》〈신라본기〉 '신문왕' 편에는 제와 저 등 김치 무리를 뜻하는 혜醯라는 용어가 나오는데, 이로 미루어 보아 단순 절임류에서 벗어난 김치류가 있었다는 것을 추정할 수 있다.

삼국시대의 김치는 순무·가지·부추·고비 등을 소금으로만 절인 형태였다. 그 밖에도 채소를 장이나 초, 술지게미에 절인 형태, 소금과 곡물 죽에 절인 형태 등이 있었을 것으로 추측된다. 이는 오늘날의 장아찌형 절임법인데, 풍부한 해산물과 양질의 채소, 훌륭한 발효 기술을 바탕으로 장아찌형 김치 무리와, 생선 곡물 채소 소금을 넣어 만든 식해형 김치 무리가 발전했을 것으로 추정할 수 있다.

백제 유적 중에서도 김치의 역사를 알려 주는 것들이 있는데, AD 600년경 창건된 전북 익산 미륵사지에서 출토된 높이 1m가 넘는 대형 토기들이 그것이다. 승려들의 거처에서 발견된 이들 토기들은 비교적 완전한 형태로 보존되어 있어서 의도적으로 땅속에 묻어 두었을 가능성이 높은데, 겨우살이에 대비한 김장독과 같은 용도로 사용되었을 것으로 추정된다.

이는 삼국시대 김치의 흔적을 찾아볼 수 있는 유일한 유적이다. 또 AD 720년 신라 성덕왕 19년에 세워진 법주사 경내의 큰 돌로 만든 독이 김칫독으로 사용됐다는 설이 있다. 이것이 사실이라면 김장의 기원으로도 볼 수 있을 것이다.

김치의 발전기 – 고려시대

국내 문헌에 김치가 최초로 등장한 것은 《고려사高麗史》(1454년경)로, 김치를 뜻하는 '저菹'라는 글자가 최초로 나온다. 《고려사》 제60권 〈예지禮志〉 제14권 '새벽 관제 제사를 올릴 때의 진설표'에 보면 저(菹)·근저(미나리김치)·구저(부추김치)·청저(나박김치)·순저(죽순김치) 등의 김치가 있었다고 기록하고 있다. 당시에는 김치를 담글 때 고춧가루나 젓갈, 육류를 쓰지 않았다. 소금을 뿌린 채소에 마늘이나 생강 등의 향신료만 섞어 재워 두면 채소에서 수분이 빠져나와 채소가 소금물에 가라앉는 침지沈漬 상태가 되는데, 이를 보고 '침채沈菜'라는 특이한 이름을 붙인 것이다.

이색李穡의 《목은집牧隱集》(1300년대 말)에서는 김치라는 우리말의 직접적인 한자 표기인 '침채沈菜'를 선보이고 있을 뿐만 아니라 '산개염채山芥鹽菜'나 '장과(藏瓜, 된장에 담근 오이장아찌)' 등 문헌상 최초로 장아찌를 소개하고 있다.

이규보(1168~1241)의 《동국이상국집東國李相國集》(1200년대 초) 〈가포육영家圃六泳〉을 보면 "장에 절인 순무는 여름철에 먹기 좋고, 청염에 절이면 겨울 내내 먹을 수 있다"라는 구절이 나온다. 순무를 장에 넣었다는 것은 장아찌 형태의 김치로 해석할 수 있고,

맑은 소금물에 절였다는 것은 국물까지 먹는 동치미 형태의 김치라고 볼 수 있다. 이는 김치가 계절에 따라 먹는 가공식품으로 발전했으며, 이전부터 즐겨 먹었음을 알 수 있는 대목이다.

또한 서긍徐兢의 《고려도경高麗圖經》(1123년)에는 "혜醯가 귀천 없이 일상 찬물饌物로 쓰이고 있다"라고 하여 일반 백성들 사이에서도 성행했음을 알 수 있다. 고려 때는 불교가 성하여 육식을 자제하고 채소 요리를 선호하였다. 그 영향으로 채소 재배 기술이 발달하여 나박김치·산갓김치·죽순김치 등의 기록도 찾아볼 수 있다.

고려시대 말 이달충李達衷이 지은 〈산촌잡영山村雜詠〉이라는 시詩에 "여뀌풀에 마름을 넣어 소금 절임을 하였다"라는 구절이 있는 것으로 보아 야생초를 이용하여 제철 김치의 맛을 즐겼음을 알 수 있다.

이처럼 삼국시대의 장아찌류, 즉 채소 절임에 머물렀던 김치는 통일신라와 고려시대를 거치며 장아찌류·동치미류·나박김치류로 분화하고 발달하였다. 김치의 주재료로는 순무나 오이, 가지 등이 가장 보편적으로 쓰였고, 단순한 소금 절임 형태에서 벗어나 파와 마늘 등의 향신료가 가미된 양념형 김치도 등장하였다.

김치의 중흥기 – 조선 전기

조선시대에는 김치인 저를 엄채라 하였으며, 이것을 우리말로 비로소 '침채沈菜'라고 하였다. 월동越冬을 위해 채소를 장에 절이는 것을 '장채藏菜'라 하고, 배추를 잘게 썬 것은 제, 통째로 담은 것은 저菹라고 하였다.

조선조에 접어들어 인쇄술이 크게 발달하면서 다양한 농서農書가 편찬되고 널리 보급되었다. 이와 함께 채소의 재배 기술도 향상되었다. 또한 외국에서 여러 가지 채소가 유입되면서 김치의 종류도 다양해지고 여러 가지 제조법이 개발됐다. 또 이 시기 들어 김치에 양념을 사용하는 일이 많아지면서 김치의 주재료와 부재료의 구분도 뚜렷해진다.

고추가 유입된 시기는 조선 중기 임진왜란(1592~1598) 무렵으로 본다. 고추의 유입과 보급 초기의 김치를 조선 전기, 임진왜란 후를 조선 후기로 나누어 구분한다.

무는 조선 초기부터 김치 재료로 이용되었으며, 이때부터 주재료와 양념이 구분되기 시작한다. 고추는 아직 유입되지 않았고, 배추도 사용하지 않았으며, 젓갈을 혼용했다는 기록도 없다. 고추가 김치에 필수품으로 쓰이게 된 것은 조선 중기 이후이다.

김치의 주재료로는 무·오이·가지 등이 사용되었고, 양념으로는 생강·마늘·천초·산초 등이 많이 애용되었다. 각 지역의 산물이 다양하게 변화했기 때문에 김치에 향토성이 드러나기 시작했다. 한편 꿩(생치, 生雉)이 김치 재료로 이용되는 등 채소에 육류가 가미된 형태가 나타나기도 했다.

김치국물은 맨드라미나 연지 등을 이용하여 붉은색을 내기도 하였다. 또 양념 사용이 많아져 주재료와 부재료의 구분이 뚜렷해졌다. 고추·배추·젓갈은 아직 사용되지 않았고, 침채원은 소금·된장·밀기울이었다. 장아찌, 짠지류, 국물이 흥건한 나박김치류, 꿩고기 같은 육류를 함께 넣은 김치, 소금을 사용하지 않고 숙성한 김치류도 새롭게 등장한다.

조선시대의 담금법을 기준으로 분류하면 나박김치 동치미형, 신건지 짠지형, 섞박지 소박이형, 장아찌형의 4가지로 구분할 수 있다. 그중에서도 장아찌형이 가장 많고, 다음이 신건지형이다.

요리 책《수운잡방需雲雜方》(1481~1552)과 안동 장씨의《음식디미방飮食知味方》(1670년경)에 나오는 김치를 분류하면 다음과 같다.

● **조선시대 전기의 김치**

김치 구분	김치 이름	재료	
		주재료	양념
나박김치	무침채	무, 소금, 물	사용하지 않음
	산갓침채	산갓, 따뜻한 물	
동치미	물오이저	오이, 소금, 물	산초, 백두옹(할미꽃)
	꿩저	꿩, 오이지, 소금	생강, 천초
	생치침채법	삶은 꿩, 오이지, 소금물	사용하지 않음
신건지	오이저	오이, 소금, 물	식초, 백두옹
	생치짠지	오이지, 꿩	천초, 기름, 호초
짠지	늙은오이저	늙은 오이, 소금, 물	산초, 백두옹
	가지저	가지, 소금, 물	
	토란줄기	토란줄기, 소금, 물	
	파침채	파, 소금	
	동아담기	동아, 소금	
	생치지	오이지, 꿩	사용하지 않음
섞박지	무침채	순무, 소금, 물	사용하지 않음
소박이	머위침채	머위, 소금, 물	사용하지 않음
	메밀줄기 담그기	메밀줄기, 소금, 물	
장아찌	조가지저	가지, 소금	백두옹
	가지즙저 1	가지, 즙장	
	가지즙저 2	가지, 말장	
	오이즙저	오이, 말장	
	동아개채	동아, 소금, 장기름, 겨자가루	
	무개체	무, 소금, 장기름, 겨자가루	기름, 식초, 마늘
	모점이법	참기름, 겨자가루	생강, 마늘, 향수유, 호초
	향과저	가지, 장	초, 마늘, 참기름

김치의 완성기 - 조선 후기

김치 종류가 늘고 1920년대 말부터 배추가 주류를 이루었으며, 고추 사용으로 김치에 큰 변화가 온 시기이다. 문헌을 보면 김치에 고춧가루를 사용한 것은 《산림경제山林經濟》(1715, 홍만선)에 나오는 오이김치가 최초이다. 1800년대 초까지는 반결구종 배추 재배가 이루어지지 못했다. 통배추김치가 처음 기록된 것은 1800년대 말에 출간된 《시의전서是議全書》이다. 장아찌 담금법은 초법醋法·산법蒜法·조법糟法·장법醬法 등이다. 김치의 주재료로 무·가지·오이가 쓰였으며, 미나리·갓·파는 양념으로 정착됐다. 그 밖에 배추·전복·대구·고추·젓갈이 쓰이기 시작했다. 젓갈은 빙허각 이씨가 쓴 《규합총서閨閤叢書》(1815년)에 처음 등장하며, 조기젓·준치젓·소어젓·생굴젓이 쓰이고 있다.

우리나라 김치는 고추와 마늘이 듬뿍 들어간다. 마늘은 건국 신화에까지 등장할 정도지만 고추가 우리나라에 유입된 것은 임진왜란(1592~1598) 전후이다.

고추는 1611년 조선 중기의 학자인 이수광이 쓴 백과사전 《지봉유설芝峰類說》에 "고추에는 독이 있다. 일본에서 건너온 것이라서 그 이름을 왜겨자라고 한다"라고 했다. 또한 중국 명明 나라의 약학서인 《본초강목습유本草綱目拾遺》(1765)에는 "요즘 고추를 재배하여 시장에 많이 모인다. 이 고추는 고추장을 비롯한 여러 용도로 쓰인다"라는 기록도 있다.

고추는 유입 이후 200년이 지나서야(18세기) 양념으로 적극 이용되어 김치에 혁명을 몰고 온다. 김치에 고추와 고춧가루가 쓰였음을 알려주는 최초의 기록은 1766년(영조 42년)에 유중림柳重臨이 엮은 《증보산림경제增補山林經濟》이다.

백김치만 먹다가 김치에 고추 양념을 넣은 이유에 대해서는, 우리 선조들이 고추가 들어오기 전에 이미 마늘이나 산초 등의 매운맛이 나는 향신료를 즐겨 먹었기 때문에 고추도 쉽게 받아들였을 것이라고 추측한다. 그에 더하여 고추의 붉은색으로 귀신을 물리치는 벽사辟邪의 의미를 더욱 강하게 하기 위해 고추를 김치에 넣게 되었다는 주장도 있다. 또 김치에 젓갈을 넣으면서 비린내를 제거하기 위해 향신료로 고추가 쓰였다고도 주장한다. 고추 사용은 젓갈이 들어가는 결정적인 계기가 되었고, 이는 김치의 감칠맛을 더욱 향상시키는 결과를 가져왔다.

농업 정책과 자급자족 경제론을 다룬 실학서인 서유구의 《임원십육지(林園十六志)》(1827년경)에도 김치가 여러 종류 수록되어 있는데, 고추 사용을 적극적으로 권장했다는 점이 특이하다. 고추가 채소의 신

● 《증보산림경제》를 중심으로 한 분류와 담그는 법

명칭	담그는 법	명칭	담그는 법
담저淡菹	소금에만 절인 것	초법醋法	소금과 엿기름에 절임
함저鹹菹	주재료에 부재료를 많이 섞어서 월동용으로 담근 것	조염糟鹽	소금과 술지게미에 절임
숙저熟菹	오이나 무를 익혀서 담근 것	산법蒜法	다진 마늘과 소금에 절임

선도를 유지하며, 발효에 큰 영향을 끼친다는 사실을 이미 터득한 것으로 추정할 수 있다.

절임채소류인 김치에서 어류와 육류를 주재료로 한 식해류가 분화하여 또 하나의 음식 줄기를 형성하게 된다. 허균許筠의 《도문대작屠門大嚼》(1611)에 기록이 처음 나타나는데, 담금법에서 김치와 차이가 있다. 침채원인 양념 외 전분이 들어가고, 이를 당화糖化시키기 위해 무나 맥아당을 사용했다고 한다. 게다가 이 식해류에서 간이 조금 약해진 것이 장조림의 원형인 담해류 제조와 관련 있으니 발효 가공 기술이 식문화에 끼친 영향을 간과할 수 없다. 또한 배추의 도입은 김치를 크게 변화시키는 계기가 되었다.

《시의전서》를 통해 김치류의 다양성과 조리 방법의 다채로움을 알 수 있다. 배추가 주재료가 되면서 파·마늘·부추·갓 등은 양념 채소로 바뀌어 주재료와 양념이 구분되기 시작했다. 소금과 간장에 절인 김치, 싱거운 김치, 짠 김치, 각종 젓갈과 해산물, 건어물, 쇠고기, 꿩고기, 그리고 각종 채소를 총망라하여 김치를 담고 있다. 오이지를 담글 때는 구리(cu)를 이용하여 착색에도 신경을 썼다.

김치의 대명사인 통김치(배추김치)는 이때부터 자리잡았고, 담그는 방법도 장아찌형·물김치형·소박이형·섞박지형·식해형 김치 등으로 다양하게 발달했다. 그 후 과실이나 육류, 잣 등을 기호에 따라 재료를 보충하는 정도의 변화만 있었을 뿐 김치는 19세기 초에 우리의 대표적인 반찬의 하나로 정착되었다.

《증보산림경제》와 《규합총서》에 나오는 조선 후기의 김치를 분류하면 다음과 같다.

● **조선후기 《규합총서》의 김치**

김치	김치 이름	재료	
		주재료	양념
나박김치 동치미형	산갓침채	산갓, 무, 순무, 미나리, 소금물	양파
	동치미	무, 절인 오이, 절인 가지, 소금물	파, 생강, 고추, 유자, 배, 석류, 꿀, 잣
신건지 짠지형	동지	무, 절인 오이, 소금물	고추, 청각
	용인오이지	오이, 소금, 뜨물	
	동가김치	가지, 소금물	수수잎, 맨드라미꽃, 조기젓, 준치젓
소박이 섞박지형	섞박지	무, 배추, 갓, 생전복, 낙지, 절인 오이, 절인 가지, 날동아, 소라	고추, 청각, 마늘, 송어젓, 파
	동아섞박지	동아	파, 생강, 고추, 청각, 젓국(조치젓국, 생굴젓국)
	어육김치	대구, 무, 배추, 갓, 고춧잎, 미나리, 절인 오이, 절인 가지, 절인 호박	파, 생강, 마늘, 고추, 청각
	전복김치	생전복, 유자껍질, 배, 무	파, 생강
	장짠지(장김치)	오이, 무, 배추, 송이, 생전복	파, 생강, 고추, 마른 청각, 청장
장아찌	장가	가지, 오이, 자총 등을 전처리한 장에 절임	
	조가·조황가	가지, 오이, 마늘, 생강 등을 각각 전처리하여 소금과 술지게미를 섞은 것에 절임	
	부추절임	부추를 소금에 짜게 절임	

● 조선후기 《증보산림경제》의 김치

김치	김치 이름	재료	
		주재료	양념
나박김치 동치미형	산갓저	산갓, 소금물	—
	무싹저	무싹, 무, 소금물	—
	순무저	순무, 소금물	어린 파
	무저	무, 소금물, 당귀순	어린 파
	무동침저	가을무, 절인 오이·가지·송이·동아, 소금물	생강, 파, 청각, 천초, 거목
신건지 짠지형	동과저	동아, 생강, 파	맨드라미꽃
	겨울용가지저	가지, 소금물	
	용인오이담저	늙은 오이, 소금물	
	오이짠지	늙은 오이, 소금물	
	무저	무, 소금물	
소박이 섞박지형	오이소박이	오이, 소금물	고춧가루, 마늘 저민 것, 마늘 간 것
	가지소박이	가지, 소금물	고춧가루, 마늘 저민 것, 마늘 간 것
	오이함저	오이, 부춧잎, 소금물	생강, 마늘, 고추, 고춧잎, 총백
	무함저	무, 오이, 호박, 갓, 호박줄기	고추, 고춧잎, 마늘 간 것, 부춧잎, 천초
	미나리함저	미나리, 배추, 봄무, 소금	파
	배추저	배추 보통 방법대로 하라.	
	봄갓저	봄갓	
	가을갓저	가을갓 보통 방법대로 하라.	
	부들저	어린 부들	
	오이숙저	늙은오이, 소금	
장아찌형	죽순초	죽순, 소금, 생강, 파, 메줏가루, 천초 등	
	연뿌리초	연뿌리, 소금, 생강, 파	
	나복초	무, 소금, 홍국 또는 엿기름, 기름, 귤피	
	부들순초	부들순, 멥쌀밥, 소금	
	오이산	어린 오이	소금, 마늘 찧은 것
	가지산	가는 가지	
	동아산	동아	
	숭개	배추	겨자즙, 식초, 간장을 섞은 것에 절임
	개말가	가지	
	황과산	늙은 오이	

● 17~20세기 문헌에 나타난 김치의 종류

문헌(편찬자)	시기	김치 이름
도문대작屠門大嚼(허균)	1611년	죽순식해 / 산갓김치
음식디미방飮食知味方(안동 장씨)	1670년	동과 담그는 법 / 마늘 담그는 법 산갓김치 / 생치김치 / 생치짠지 / 생치지 / 나박김치
증보산림경제增補山林經濟 (유중림)	1765년	산갓저 / 무싹저 / 순무저 / 무저 / 무동침저 / 동과저 / 오이소박이 / 가지소박이 / 오이함저 / 무함저 / 배추저 / 미나리함저 / 봄갓저 / 가을갓저 / 부들저 / 오이숙저 / 오이담저 / 오이짠지 / 무저 / 죽순초 / 연뿌리초 / 부들순해 / 오이산 / 가지산 / 동아산 / 숭개
규합총서閨閤叢書 (빙허각 이씨)	1815년	산갓김치 / 동지 / 섞박지 / 부추절임 / 동아섞박지 / 어육김치 / 전복김치 / 장짠지 / 용인오이지 / 동과김치 / 동치미
임원십육지林園十六志 (서유구)	1827년	총각김치 / 동치미 / 무청김치 / 무동치미 / 배추김치 / 젓국지 / 오이소박이 / 오이지 / 가지통김치 / 가지소박이 / 배추장아찌 / 오이장아찌 / 웅아장아찌 / 고추장아찌 / 고추소박이 장아찌 / 더덕장아찌 / 과장아찌
동국세시기東國歲時記(홍석모)	1849년	나박김치 / 배추물김치 / 동치미 / 겨울막김치 / 섞박지 / 장김치
부인필지婦人必知	1908년	동치미 / 동인과지 / 장짠지
조선요리제법朝鮮料理製法 (방신영)	1917년	김장철 김치 통김치 / 섞박지 / 젓국지 / 쌈김치 / 동치미 / 깍두기 / 지럼김치 / 채김치 평상시 김치 풋김치 / 나박김치 / 장김치 / 외김치 / 외소김치 / 외지 / 깍두기 / 외깍두기 / 굴깍두기 / 숙깍두기 / 닭깍두기 / 갓김치 / 박김치 / 곤쟁이젓김치 / 전복김치 / 굴김치 / 돌나물김치 / 열무김치 / 멧젓
조선요리법朝鮮料理法 (조자호)	1938년	보쌈김치 / 배추통김치 / 짠무김치 / 동치미 / 통깍두기 / 굴김치 / 굴젓무(깍두기) / 관전자(평김치) / 오이김치 / 겨자김치 / 생선김치 / 조개젓무(깍두기) / 오이깍두기 / 닭김치 / 장김치 / 나박김치 / 열무김치
조선무쌍신식요리제법 朝鮮無雙新式料理製法 (이용기)	1942년	통김치 / 동치미 / 무김치 / 절임김치 / 얼갈이김치(초김치) / 열무김치 / 젓국지 / 석박지 / 풋김치 / 나박김치 / 장김치 / 갓김치 / 굴김치 / 닭김치 / 동아김치 / 박김치 / 산겨자김치(산갓김치) / 돌나물김치 / 파김치 / 외소김치(외소박이) / 외지 / 외짠지 / 짠지(나복함저) / 깍두기(무젓 / 젓무) / 외깍두기 / 굴깍두기 / 햇깍두기 / 채깍두기 / 숙깍뚜기
조선요리朝鮮料理 (윤원구)	1939년	보김치 / 배추통김치 / 짠무김치 / 동치미 / 오이깍두기 / 닭김치 / 장김치 / 나박김치 / 열무김치 / 관전자(평김치) / 오이김치 / 겨자김치 / 생선김치
우리음식 (손정규)	1948년	섞박지 / 비늘김치 / 통김치 / 장김치 / 동치미 / 보김치 / 나박김치 / 박김치 / 오이소박이 / 무싱건지 / 검치 / 채김치 / 풋김치 / 가지김치 / 오이지 / 짠무김치 / 굴깍두기 / 오이깍두기 / 젓무 / 알무깍두기 / 무청깍두기 / 멸치젓깍두기 / 곤쟁이젓깍두기 / 소금깍두기
이조궁중음식통고李朝宮中飮食通考 (한희순 외)	1957년	젓국지 / 동치미 / 송송이 / 장김치 / 햇김치 / 보쌈김치 / 동침채
시의전서是議全書(작가 미상)	1800년대 말	김장통배추김치

김치의 세계화

김치의 성분이 밝혀지고 건강에 대한 관심이 확산되면서 김치는 우리나라에서뿐만 아니라 한국을 대표하는 세계적인 건강 식품으로 각광받고 있다.

《브리태니커세계대백과사전》에 'Kimchi'로 등록되었음은 물론 영어사전이나 일어사전에까지 '김치'라는 표제어가 올라 있다. 외국 사전에는 '고추·마늘·생강 등으로 양념한 채소 절임으로, 한국의 전통 식품'이라고 정의하였다. 또 김치의 국제 규격(Codex standard)이 우리나라 식품 가운데 처음으로 2001년 7월 5일 제24차 국제식품규격위원회(Codex Alimentarius Commission) 총회에서 채택되었다. Codex 국제 규격에서는 김치를 '원료인 배추를 절임하여 여러 가지 양념류(고춧가루·마늘·생강·파·무 등)를 혼합하여 젖산 생성에 의한 적절한 숙성과 보존성이 확보되도록 포장되기 전후에 저온에서 발효한 제품.'으로 정의하고 있다.

영국의 《업저버Observer》지紙에서는 김치를 '20세기의 위대한 발견 가운데 하나'라고 격찬하기도 했다. 《업저버》지에 실린 요리 전문가의 글에는 김치에 3대 마력魔力이 있다고 표현했다. 소금에 절인 채소인 김치가 날로 먹었을 때와 똑같은 신선도를 유지한다는 점, 맛난 발효미가 있다는 점, 영양의 불균형을 이상적으로 바로잡아 준다는 점이 그것이다. 고추와 젓갈이 부린 마술인 것이다. 김치는 인류가 추구하는 이상적인 식품의 개척자요, 마술사라고도 표현했다.

영국 로이터 통신에서도 '동양과 서양이 융합한 독특한 제3세대 맛'으로 김치를 넣어 만든 햄버거인 김치버거를 소개하기도 하였다. 동서양 문화가 융합된 이상적 미래상을 김치가 대변하고 있다니 의미심장한 일이 아닐 수 없다. 부식으로만 인식되던 김치가 이제는 자연 항암제이자 비만 예방제, 다이어트 식품, 영양의 보고寶庫, 기능성 식품으로서 전망까지 밝게 하고 있는 것이다.

김치는 우리나라 전통 음식 문화의 상징이라는 문화적 측면과 산업적 측면이 중요시되고 있다. 또한 불고기와 더불어 한국의 10대 이미지 가운데 하나로서 세계화를 상징할 뿐만 아니라 수출 잠재력이 매우 높은 상품으로 자리잡고 있다. 그러나 값싼 중국산 김치의 수입과 일본 기무치의 도전으로 김치 종주국이라는 위상에 상처를 입은 것도 사실이다. 김치를 세계적인 식품으로 발전시키고, 막대한 양의 김치 수입에 대비하기 위해서는 다음과 같은 대비가 필요하다.

- 고급 브랜드화한 차별 정책 : 보쌈김치·장김치·백김치 등 고급 김치의 다품종 소량 생산
- 숙성 정도의 세분화 : 생김치, 반숙성 김치, 숙성 김치, 묵은 김치 등
- 용량의 세분화 및 다양화 : 레저용(산행이나 낚시), 간식용(라면 하나 먹을 수 있는 적은 양)
- 김치의 산업화 기술 개발 : 포장 디자인과 포장 기술 개선, 자동화 시스템
- 김치 소스의 개발 : 절인 배추에 소스만 부으면 세계 어디서나 같은 맛의 김치를 먹을 수 있도록 소스 개발
- 품질 향상 기술 개발 : 어린이와 외국인을 위한 냄

새 없는 김치 개발, 덜 맵고 덜 짠 김치 개발
- 기능성 건강 김치 개발 : 인삼·키토산·솔잎·버섯 등의 효능 첨가
- 세계 식품으로 육성 : 김치 국제 식품규격[Codex Alimentarius]화 추진, 해외 홍보 강화로 수출 확대, 현지인의 입맛에 맞는 김치 퓨전 요리 개발과 보급
- 우리 농산물의 종자 보존
- 수입 농산물의 검사 강화
- 각국의 재료를 가지고 응용하여 담아 먹을 수 있는 김치 제조법 연구

이처럼 김치는 한국의 대표적인 전통 식품으로서 우수성이 알려지고 그 영양학적 가치가 과학적으로 입증되어 국내외 많은 영양학자들에게 '미래의 식품'으로 손꼽히고 있다. 다시 한 번 말하지만 김치는 불고기와 더불어 세계화의 상징일 뿐만 아니라 수출 잠재력이 매우 높은 상품으로 자리잡고 있다.

김치를 세계적인 식품으로 육성하기 위해서는 김치 국제 규격화 추진 및 해외 홍보 강화로 수출을 확대하고 수출국의 동반 식품에 맞도록 제품을 다양화하며, 현지인의 입맛에 맞는 김치 퓨전 요리를 개발하는 등 지속적인 연구 개발과 산업화가 이루어져야 한다. 나아가 김치를 산업적인 측면으로만 볼 것이 아니라 한국 전통 음식 문화와 연계하여 상품화하는 판매 전략과 마케팅으로 부가가치를 높여야 할 것이다.

사회·문화 속의 김치

우리의 민족성과 김치

한국인은 어느 시대, 어느 지역에서나 가슴 벅찬 환희나 슬픔과 애환을 아리랑으로 표현하였다. 아리랑은 단순한 민요가 아닌 민중의 노래이자 민족의 소리였다.

한국인의 정서에 잠재되어 있는 또 하나의 아리랑은 김치라고 한다. 아리랑이 지역성과 시대성을 초월하였듯이 김치 역시 우리 겨레와 늘 함께 해 왔다. 아리랑이 우리 민중의 노래이자 소리이며, 민족의 한恨을 대변한다면 김치는 우리 겨레의 맛을 대표하는 민중의 먹을거리요, 생명의 양식이었던 것이다. 이렇듯 한국인의 마음속에 있는 김치는 단순한 먹을거리가 아니다. 김치 없는 식탁은 생각할 수 없으며, 우리의 본질이자 향수鄕愁이며 우리의 삶을 지켜 주는 기반이기도 하다.

김치는 반찬 이상의 용도로도 쓰여 왔다. 술을 마신 뒤 목이 마르고 칼칼할 때는 물론 일산화탄소를 마셔 생사의 갈림길에 서 있을 때조차도 우리는 시원한 물김치 한 사발을 먼저 찾았다. 특히 한겨울 땅속 깊이 묻어 둔 얼음이 동동 뜬 시원한 동치미 국물은 답답한 삶의 응어리와 애환까지 풀어 주는 존재였다.

한민족의 특성으로 은근과 끈기를 꼽는데, 김치를 통해서도 이를 느낄 수 있다. 김치는 막 담가서 바로 먹기도 하지만 대부분 일정 기간 숙성시켜 먹는다. 김치가 독 안에서 서서히 숙성되는 과정을 거치면서 주재료와 부재료의 맛이 아닌 모든 재료가 어우러진 독특한 발효 맛이 나는 것이다. 김치가 숙성되는 동안에는 장독 뚜껑을 함부로 열어 익는 과정을 방해하지 말고 가만히 기다려야 한다.

김치는 천천히 발효되는데, 그 과정에서 이산화탄소(CO_2)가 발생하고 신맛이 생긴다. 이산화탄소가 국물에 녹아 탄산(HCO_3)으로 전환되면 마치 청량음료를 마시는 것처럼 톡 쏘면서도 시원한 맛이 난다. 특히 잘 익은 김치는 맛과 영양소가 매우 풍부하여 발효 식품 특유의 깊은 감칠맛이 난다. 우리 조상들은 맛을 지키기 위해 김치를 숨쉬는 옹기에 담아 보관하였다. 특히 여름에는 석정石井, 겨울에는 땅속에 묻어 최적의 맛을 유지하기 위해 노력했다.

발효는 서두른다고 빨리 되는 일이 아니다. 숙성이 덜 된 김치는 쓴맛이 날 뿐만 아니라 영양과 기능 면에서도 차이가 난다. 김치가 알맞게 익었을 때 조심스럽게 뚜껑을 열어 의식을 치르듯 꺼내 먹는 것이 좋다. 이러한 태도는 김치를 지켜온 우리 선조들의 '은근과 끈기'를 보여 주는 한 예라 할 수 있다.

매운맛의 정서적 작용

음식 문화권에 따라 맛을 감지하는 능력은 다르다. 한국인들에게 있어 매운맛은 정서를 다스리는 감정의 맛으로, 한국 음식 맛의 핵심이라고도 할 수 있다. 매운맛은 미각으로 감지되는 것이 아니라 통증을 느끼는 통각 세포에서 감지한다.

김치를 처음 먹은 사람은 누구나 땀을 뻘뻘 흘리고 심지어 눈물까지 흘리는데, 그 자극적인 맛 때문에 매우 고통스러워한다. 그럼에도 불구하고 많은 사람들이 김치를 다시 찾는 이유는 주 향신료인 고추 때문이다. 고추가 가진 독특한 매운맛은 씨와 껍질에 들어 있는 캡사이신이라는 알칼로이드 화합물에서 비롯된다. 캡사이신이 구강 내 조직의 신경 말단을 자극하면 마치 입에 불이 난 것처럼 통증이 느껴지는데, 이렇게 되면 뇌가 반사적으로 자연 진통제인 엔도르핀을 분비하여 진화 작업에 들어간다. 바로 그 엔도르핀이 마약에 취한 것과 같은 '순간적 도취감'을 주는 것이다.

기분이 우울하거나 무기력할 때 사람들은 매운맛을 통해 감각을 자극하고 짜릿함을 맛보려 한다. 스트레스에 시달리는 현대인들이 점점 더 매운맛에 열광하고 맵고 강렬한 맛을 선호하는 것도 이 때문이다.

매운맛은 좌절감이나 우울함, 실망, 소외감 등의 부정적인 감정들에 새로운 감정을 불러일으키는 역할도 한다. 흥미로운 것은, 매운맛은 중독성이 강해 점점 더 매운맛을 찾게 만든다는 것이다.

그런 면에서 한국인에게 '생리적으로 내통되는 입맛'인 매운맛은 우리 선조들에게 물려받은 유전적 인자로, 현실의 어려움을 극복하고 좌절에서 희망을 보게 하는 감정의 맛이라고도 할 수 있다. 기호학자 백승국 씨는, 매운맛은 사람의 감정을 변화시키는 맛으로, 한국인에게는 고추가 '감정의 필터' 역할을 한다고 말하기도 하였다.

유럽의 기호심리학자 중에서는 환자를 진료할 때 그 환자의 심리나 정서적 상태 및 변화를 파악할 뿐만 아니라 그 환자가 좋아하는 요리와 즐겨 찾는 맛의 종류까지도 살피는 경우가 많다고 한다. 서양과 유럽인들의 감정을 조절하고 치유하는 맛이 단맛이라면 한국인의 감정을 조절하고 치유하는 맛은 매운맛으로, 치료 작용까지 하는 것이다.

서민의 생존 음식

김치는 서민의 생존을 위한 식품이었다. 우리나라의 식생활 문화는 궁중이나 반가의 상층 계급과 서민이나 노비, 천민의 하층 계급으로 구성된 이중적 식생활 구조이다. 상층 계급이 즐겨 먹던 산해진미山海珍味나 귀한 술, 차와 같은 호화로운 음식은 높은 담장 너머의 양반들이나 먹을 수 있는 그림의 떡이었다. 대부분의 서민들은 굶주림에 대한 걱정에서 벗어나기가 어려운 형편이었다. 물론 계층에 따라 김치도 그 내용이 달랐다. 특히 서민들의 김치는 채소를 간단히 소금에 절인 것에 지나지 않았다. 서민들은 허기진 배를 잡곡밥과 소금 및 양념에 절인 산채山菜, 채소로 만든 김치로 채웠다. 김치는 잡곡밥과 함께 서민의 삶을 지켜 온 민족의 식품이자 생존을 위한 소중한 음식이었던 것이다.

19세기 말 문헌에 "솔잎을 썰어서 더운 물을 붓고 보통 김치와 함께 담근 '송저松菹' 한 그릇만 먹으면 금세 배가 불러진다"라고 한 것으로 보아 김치가 기근에 대비한 구황 식품으로 이용되었다는 것을 알 수 있다.

다양한 창의력의 소산

김치는 지역과 계절에 따라 그 특성과 환경 조건에 맞게 발달하였다. 김치의 종류는 계절에 따른 채소의 종류, 국물의 양과 종류, 젓갈, 재료 다듬기에 따라 실로 다양해진다. 지금까지 알려진 김치 종류만 해도 무려 200가지가 넘으며, 김치에서 분화된 식해나 장아찌까지 포함한다면 그 수는 훨씬 더 많아진다.

예를 들어 주재료의 종류에 따라 채소김치류·산나물김치류·해초김치류·과일김치류 등이 있고, 절이는 액체의 종류에 따라 보통김치류·물김치류·장김치류·장아찌류·초김치류 등이 있다. 무김치류에도 총각김치·나박김치 등을 비롯하여 20여 종이나 된다. 여기에 각종 부재료와 향신료, 조미료가 사용되는 것을 감안하면 김치의 다양성은 실로 놀라울 정도이다.

이처럼 김치는 단순히 절임 채소 발효 식품이라고 하기엔 어려울 만큼 다양한 재료를 가지고 만들어져 왔다. 김치는 어떠한 채소나 과일, 열매와 뿌리로도 담을 수 있다. 그렇기 때문에 약간의 창의력과 응용력을 발휘한다면 그 종류는 얼마든지 더 다양해질 것이다.

수저 문화 형성에 기여

우리나라는 숟가락과 젓가락을 함께 사용, 즉 수저를 사용하는 민족이다. 고대에는 일본과 중국도 수저 문화권에 속했다. 그러나 중국은 송대宋代부터 숟가락이 수저 문화권에서 탈락, 젓가락 문화권이 되었고,

일본도 중국과 같은 무렵 숟가락이 탈락하였다. 동양 삼국 가운데 유독 우리나라만 오늘에 이르기까지 수저 문화권을 유지하고 있다. 이것은 공자 시대에 숟가락을 상용했다는 이유로 숭유주의자들이 숟가락 사용을 끝내 포기하지 않은 결과라고 한다. 그러나 밥과 국을 중요시하는 국물 민족의 특성과 끼니마다 오르는 김치에 물김치가 있는 점을 감안할 때 밥을 먹는 데 있어 숟가락은 반드시 필요하다.

한국 음식의 식사 예절을 보면 숟가락으로 국이나 김치국물을 먼저 떠 먹은 뒤에 밥이나 다른 음식을 먹는다. 특히 국이나 찌개 등은 숟가락으로 먹고, 다른 찬은 젓가락으로 먹는다. 이러한 식사 예절과 식문화를 볼 때 수저는 당연히 필요하다고 할 수 있다. 다른 나라에서는 이미 사라지고 없는 수저 문화의 형성과 유지에 김치가 일익을 담당한 것은 분명한 사실이다.

김치에 나타난 음식 예절과 효孝 사상

김치와 음식 예절

우리나라는 농경 문화권으로, 오래 전부터 공동체 생활을 해 온 까닭에 예절禮節과 사람과 사람 사이의 정情을 각별하게 여겼다. 예를 중시하는 민족답게 음식을 먹을 때도 예의를 갖추어 법도에 맞게 먹고, 상차림도 규범을 따랐다.

예를 들어 어른이 먼저 수저를 들기 전에는 아랫사람이 먼저 음식을 먹지 않았고, 어른 앞에서는 음식을 먹을 때도 소리를 내지 않았다. 식사를 하는 중에는 자리를 떠서도 안 되며, 말을 많이 하는 것도 금했다. 반상의 기명器皿도 밥그릇, 국그릇, 수저, 찬기, 종지 등으로 각각 정해진 위치가 있다. 찬의 종류도 반상의 규범대로 차려졌으며, 찬 음식은 왼쪽에, 따뜻한 음식은 오른쪽에 놓는 등 식사 규범을 엄격하게 지켰다.

조선 후기의 실학자 이덕무(李德懋, 1741~1793)는 《사소절士少節》이라는 책에서 "김치 쪽이 한 입에 먹을 수 없을 정도로 크면 입으로 잘라서, 그 나머지는 김치 그릇에 도로 놓지 말고 따로 밥상에 두고 남김없이 먹어야 한다"라고 가르치고 있다. 또한 어른께 올리는 김치는 눕히지 않으며, 뿌리 쪽이나 잎 끝부분을 올리는 것도 금하였다. 배추김치는 중간을 통으로 잘라 보시기에 세워 놓는 것이 예의였다.

독상獨床일 때 김치의 위치는 상의 가장 뒤쪽이며, 상차림의 규범에 따라 국물김치를 포함한 두세 종류의 김치를 올렸다. 특히 죽상 차림이나 면상 차림에는 반드시 국물김치를 오른쪽에 올렸다.

효를 근간으로 한 휴머니즘

김치를 담글 때는 생채 침채법이 기본이었지만 이가

없는 노인을 위해 숙채로 김치를 담그었고, 죽은 이를 위한 제사상에는 새로 담근 김치를 올렸다. 효 사상을 기본으로 한 웃어른에 대한 배려, 즉 먹는 사람에 대한 보살핌의 정서와 인간적인 배려가 드러나는 부분이다. 또 차려지는 음식상의 종류에 따라 각기 다른 김치를 올려 먹는 이의 영양 균형을 생각하고 소화 기능을 향상시킬 수 있도록 배려한 점에서도 김치에 들어 있는 휴머니즘을 엿볼 수 있다.

김치는 공경하는 웃어른에 대한 선물용으로 사용되기도 하였다. 연말이면 백자 항아리에 감동젓무김치를 담가 세찬歲饌 선물용으로 어른께 올렸다. 이러한 예절이 극대화된 것이 '정깍두기'와 '숙김치'라고 할 수 있다.

정깍두기

우리나라 사람들은 임신과 출산을 크나큰 경사로 여겼다. 임신부의 행동과 사고가 태아에게 큰 영향을 미친다고 믿어 태교를 중시하였다. 그래서 임신부는 몸가짐이나 언어, 섭생 어느 것 하나 소홀할 수 없었다. 질이 좋은 음식을 먹는 것은 물론, 음식의 모양도 고려의 대상이 되었다. 무엇이든 반듯하고 빛깔이 좋은 것을 선별하여 먹었는데, 그 원칙은 김치에도 그대로 적용되었다. 배추김치를 담글 때는 물론 깍두기를 담글 때도 무를 정사각형으로 썰어 정깍두기처럼 반듯한 김치만 먹었다. 이는 몸과 마음이 반듯한 아이를 출산하라는 간절한 염원이 담겨 있다.

숙김치 · 백김치

우리나라는 효 사상이 투철하여 예부터 동방예의지국이라고 불렀다. 나의 부모는 물론 이웃 어른까지 내 부모처럼 공경하는 것을 당연하게 생각하였다. 이런 효 의식은 의식주, 그중에서도 특히 식생활에 잘 나타나 치아가 부실한 노인들을 위한 배려로 노인을 위한 음식을 만들기도 했다.

김치의 경우, 드시기 좋게 무를 살짝 삶아 숙熟깍두기나 숙섞박지를 담가 상에 올렸으며, 고춧가루를 많이 넣은 김치는 드시기에 적합하지 않다는 이유로 간이 삼삼한 백김치를 담가 공경을 표하기도 했다. 이처럼 노인의 치아와 소화 기능까지 염두에 둔 숙김치를 통해 노인을 공경하는 아름다운 민족성을 엿볼 수 있다.

신앙과 김치

민족신앙과 김치

우리 민족은 예부터 집안 곳곳마다 그곳을 관장하는 신이 존재한다고 믿었다. 성주신(城主神, 건물을 수호하는 신), 삼신(三神, 어린 생명을 점지하고 지켜주는 안방신), 조왕신(祖王神, 가족의 수명과 안전을 관장하는 부엌신), 조상신(祖上神, 집안의 평안과 풍요, 자손의 번창을 보살펴 주는 신), 측신(厠神, 화장실을 맡아 주관하는 신) 등을 비교적 많이 섬겼으며, 신격을 봉안하고 그 신들에게 정기적으로 또는 부정기적으로 제의를 올리는 것을 가택 신앙家宅信仰이라고 한다. 흔히 '가신 신앙家神信仰'이라고도 불리며, 혈연이 중심이 되는 개인 신앙이라 할 수 있다. 가정을 중심으로 가족이라는 혈연 공동체의 안녕과 풍요를 기원하는 지극히 여성 중심의 제사이다.

무속 신앙巫俗信仰은 무당이라는 특수 계층에 의해 민간에 전승된 신앙으로, 무속의 종교적 의례인 굿은 살아 있는 사람의 생사화복生死禍福에 집착되어 안녕과 복락福樂을 구하고 재난을 예방하거나 물리치는 것이 목적이다. 가택 신앙이나 무속 신앙, 풍수 신앙 등의 민간 신앙은 원시성이 강한 종교이며, 서민과 대중의 생활을 통해 전승되어 온 자연적 종교 현상이다.

원시 종교의 형태를 벗어나지 못했던 민간 신앙은 우리 식생활 문화에 여러 가지 면에서 영향을 끼쳤다. 대상은 달라도 특정 신을 모시고 그 신에게 바치는 제사와 음식이 있다는 점에서는 공통적이라고 할 수 있다. 무속 제사는 무속 신을 모셔 놓고 굿을 통해 무당이 술과 음식[특히 떡]을 바치고, 신에게 바쳤던 음식을 여러 사람이 함께 나누어 먹는다. 굿의 규모에 따라 고사와 고수레로 나누는데, 고수레가 좀 더 작은 범위이다. 보통 굿상에는 술·차·떡·과실·산자·약과·누름적 등이 오르며, 김치는 올리지 않는 것이 일반적이었다.

불교 문화와 김치

한국 불교는 석가모니의 깨달음과 가르침에서 출발하여 인도와 중국이라는 각기 다른 토양의 자양분을 섭취하여 다시 한국에 전해져 성숙해 온 한민족 특유의 불교라는 성격을 지니고 있다.

7~9세기 통일신라기의 불교는 교학 사상敎學思想의 연구 개척과 찬연한 불교 문화의 발현으로 민족의 역사를 선도하였다. 10~13세기 고려 시대에는 국교國敎로 정해졌을 뿐만 아니라 사회적으로도 숭불 사조가 크게 유행한 이른바 불교의 중흥기였다. 민간 신앙은 물론 종교 사상은 인간의 식생활에 많은 영향을 준다. 불교의 영향으로 왕실과 권문세가, 화랑도들에게 음다飮茶가 수행의 방법으로 장려되고 육식을 절제하는 풍습이 널리 행해져 육류 대신 침채류 등의 채소와 떡, 유밀과 등의 식품이 발달하였다.

채소 요리가 성행하면서 아욱·순무·무·배추·

동아·시금치·쑥갓 등이 보편화되었으니 김치류를 즐겨 먹었을 것이라는 추측도 가능하다. 통일신라시대까지는 김치에 관한 문헌상의 근거가 없지만 고려시대에는 이규보의 시詩에 '지漬'라는 글자가 등장한다. 고려 말기의 종묘 제사에도 제찬으로 '저菹'가 등장하면서 김치류나 장아찌류가 반찬으로 이용되었다.

유교 문화와 김치

조선은 유교, 즉 성리학을 지배 이념으로 채택하여 도학道學을 국가 이념으로 받아들였다. 이로 인해 불교에 대한 억압 정책, 곧 억불양유抑佛揚儒 정책이 행해졌다. 효의 규범을 기초로 가족 공동체를 결속시켜 국가와 사회 체제를 지탱하는 도덕적 기반을 이루게 한 것이다.

의례 문화의 전통이 확립되고 엄격히 실천되면서 신분 제도를 고착시킨다는 부정적인 측면과 조선 왕조를 오랜 세월 안정시켜 주었다는 긍정적인 면을 평가받았다. 유교 문화는 한국인의 다양한 삶의 양상과 문화 형식 속에 배어들어 왔고 생활 규범으로 정착되었는데, 식생활 역시 이 범주를 벗어나지 못했다.

숭유배불崇儒排佛의 국책은 음다 풍습의 쇠퇴를 초래하였다. 삼국시대에서 고려시대까지 널리 퍼졌던 음다 풍습이 거의 자취를 감출 정도로 쇠퇴한 것은 세계적으로도 극히 드문 일이다. 육식이 부활하면서 식생활에서도 상차림 문화와 수저 문화, 가부장 중심의 생활 풍습, 사친 효양事親孝養의 도리에 따라 한식 조리 등이 완성되는 계기가 되었다.

조선시대의 제사는 유교를 바탕에 두고 규범화된 의례이다. 부모를 받드는 효의 정신과 조상을 섬기는 것을 기본으로 하되, 왕족이나 양반, 중인, 상민, 천민 등의 신분 계급에 따라 제례 의식에 차이가 있었다. 그리고 그에 따른 제사 음식이 있었으며, 그 음식에 김치가 포함되었다. 숭유 사회 환경에 따른 직접적인 영향은 아니지만 조선시대에 이르러 비로소 김치(담금)의 완성을 이룰 수 있었다. 각종 조리서의 발간과 보급을 통해 김치 조리에 대한 내용을 널리 알리는 계기가 마련되기도 하였다.

김장

김치의 저장과 보관

김장은 겨우내 먹기 위해 한꺼번에 김치를 담그는 행사로, '침장浸藏'에서 나온 말이다. 진장陳臟 또는 침장沈藏이라고도 하며, 중국에는 김장이라는 단어가 없는 것으로 보아 우리나라에서 만든 것으로 보인다. '김장'은 '침장→팀장→딤장→짐장→김장'으로 음운이 변한 것이다.

우리나라는 겨울이 되면 대륙성 시베리아 기단의 영향을 받는데, 그 기간이 길고 기온이 낮으며 건조하다. 김장은 이러한 기후적 조건과, 채식 위주의 식생활에서 채소류가 재배되지 않는 긴 겨울에 대비하기 위한 수단으로 시작되었다. 겨울 초입에 채소를 소금에 절여 갖은 양념에 버무려 독에 저장해 놓고 엄동을 지나 이듬해 봄 햇채소가 나올 때까지 먹을 수 있도록 담근 것이 김장이다. '김장은 겨우내 반양식'이라는 말이 있을 정도로 김장은 겨울에 먹을 수 있는 귀중한 식물성 식품 공급원이다.

최남선催南善(1890~1957)의 《고사천자故事千字》에 "늦은 가을이나 겨울 초입에 배추와 무가 성숙하고 기온이 강하하여 내구적 엄치掩置가 가능한 시기를 타서 거의 향후 수년용 잡저雜菹를 일시 지조漬造하여 냉암冷暗 저장하는 것을 짐장 또는 김장이라 하여 침장浸藏의 글자를 관용한다."라고 하였다.

정도전鄭道傳(1342~1398)의 《삼봉집三峰集》(1300년대 말) 권 7기에는 고려 시대에 채소 가공품을 다스리는 '요물고'가 있었다는 기록이 있다.

《조선왕조실록朝鮮王朝實錄》태종조 9년(1409년)의 기록에도 침장고沈藏庫를 두었다고 하였다. 이런 문헌의 기록으로 볼 때 김장을 보관하던 곳이 따로 있었으며, 김장이 '침장'에서 유래했음을 알 수 있다.

시월은 맹동孟冬이라 입동소설立冬小雪 절기로다
나뭇잎 떨어지고 고니소리 높이 난다
듣거라 아이들아 농공을 필하도다
남은 일 생각하며 집안일 마저 하세
무 배추 캐어 들여 김장을 하오리다
앞내에 정히 씻어 함담鹹淡을 맞게 하소
고추 마늘 생강 파에 젓국지 장아찌라
독 곁에 중두리요 바탱이 항아리라
양지에 가가假家 짓고 짚에 싸 깊이 묻고
박이 무 알암말고 얼잖게 간수하소

조선 헌종 때 정학유丁學遊가 지은 《농가월령가農家月令歌》(1816년) 중 〈10월령十月令〉에 나오는 김장하는 모습이다. 서민들의 삶을 내용으로 농가의 일과 풍속을 월령체로 상세히 읊은 노래에도 김치를 담는 김장의 풍속이 실려 있다.

조선 사회의 세시풍속을 적은 홍석모洪錫模의 《동국세시기東國歲時記》(1849년)〈10월〉편에도 김장에 관한 서울 풍속이 소개되어 있다. "서울 풍속에 무·배추·마늘·고추·소금으로 김장을 하여 독에 담근다. 여름의 장 담그기와 겨울의 김장 담그기는 곧 인가人家에서 일 년의 중요한 계획이다"라는 기록으로 보아 이때 이미 김장이 연중 행사가 되었음을 알 수 있다.

김장을 담그는 시기와 방법은 지방의 기후와 풍습에 따라 다르긴 하지만 대개 11월에 들어 기온이 6~7℃를 유지할 때가 적기이다. 즉 입동立冬에서 소설小雪에 걸쳐 행해진다. 그러나 우리나라는 지역별로 기온 차가 심한 탓에 지역에 따라 약 한 달 정도 차이가 나기도 한다.

한겨울 내내 알맞게 숙성된 김치를 먹기 위해서는 설을 전후로 김치를 구분하여 담는 것이 좋다. 음력 설 전에 먹을 김치는 젓갈과 양념을 넉넉히 하고 간을 알맞게 해야 한다. 설이 지난 뒤에 먹을 김치는 해산물과 풀국을 넣지 않고 양념을 1/3 정도로 줄이고, 소금과 고춧가루는 조금 넉넉히 넣어 짭짤하게 담가야 빨리 시는 것을 막을 수 있고 맛도 개운하다. 여름까지 먹는 김치도 있는데, 배추와 무에 아무 양념도 하지 않고 소금에만 절여 겨우내 음지의 땅속에 묻어 놓았다가 3월경에 독을 열어 여름까지 먹기도 한다.

예전에는 아무리 추워도 실내에서 김장을 하지 않았다. 김치 맛을 제대로 내기 위해서는 재료 선정에서 저장까지 모든 면에 세심한 주의를 기울여야 한다. 특히 김장을 할 때는 처음부터 끝까지 일정한 온도가 유지되어야 하는데, 따뜻한 실내에서 김장을 하면 갑작스런 온도 변화 때문에 제맛을 내기가 어렵다.

김장 배추를 절일 때는 먼저 담근 집에서 쓰고 난 소금물을 얻어다 돌려 가면서 거듭해서 사용했다. 이를 통해 선조들은 이웃간에 정을 쌓았을 뿐만 아니라 소금을 절약하는 지혜도 발휘했다. 또한 이렇게 하면 소금물에 남아 있는 배추의 수용성 영양 성분이 김치의 감칠맛을 더해 주어 더욱 맛이 난다.

김장 품앗이

품앗이는 주로 친지나 이웃 간에 노동의 교환 협동을 일컫는 말이다. 품앗이 습관은 공동체 의식에서 생긴 농경 생활의 풍습 가운데 하나다. 김장 품앗이에 참여하는 사람들은 같은 지역권에서 생활하며, 여기에는 힘든 일을 함께 도와준다는 역할과 정서가 깔려 있다.

김치의 맛을 결정하는 것은 사용하는 재료와 절임, 양념 종류, 배합에 관련된 종합적인 것으로서 이 과정을 주인이 직접 하는 것이 일반적이다. 김장 품앗이에 참여하는 사람들의 역할은 다 된 양념을 버무리는 것으로, 맛에 대한 책임은 없다. 그래서 그 집만의 독특한 김치 맛을 유지하게 되는 것이다.

김장 행사의 중요한 사실 가운데 하나는 김장을 함께하는 사람들끼리 김치 담그는 기술을 서로 교환하면서 새로운 지식을 접하는 좋은 기회가 된다는 것이다. 김장 품앗이는 '노동력의 나눔'이나 '김치의 돌림'이라는 형태로 이웃 간에 돈독한 정情을 교환하고, 김치 문화가 지속적으로 발전할 수 있게 하는 원동력이 되어 주었다.

우리나라의 김장 문화는 가족과 이웃이 김치를 함께 담그고 나누면서 소통하는 무형 유산이라는 점을 인정받아 2013년 12월 5일에 열린 제8차 유네스코 무형유산위원회에서 인류 무형 유산으로 등재되었다.

조리 기술의 전수 과정

농경 문화를 기반으로 하는 전통 사회에서는 혈연血緣에 의한 가족과 친족, 지연地緣에 의한 마을을 기본으로 공동체 생활을 하였다. 마을 사람들이 가족 단위로 결속하면서 가족은 하나의 생산 단위이자 소비의 기본 단위였다. 주식인 곡류를 위시하여 부식까지 가족 단위로 생산 조달하며 조리 저장하는 과정까지 수행했다. 따라서 부식 중의 으뜸인 김치 역시 가족 단위로 계절에 따라 담가 먹었다. 주부는 가사의 운영권과 집행권을 갖고 있었으므로 장 담그기와 김장 담그기는 민가의 가장 중요한 연중 행사였다. 재료 조달에서 담금, 저장, 보관까지 전적으로 주부가 책임을 지고 있었으므로, 김치 담그기에 관한 지식을 습득하고 조리 행위에 대한 가르침이 또 하나의 중요한 가사였던 것이다.

음식 중에서도 가장 중요한 위치를 차지하는 김치를 마련하는 어머니들의 정성과 솜씨는 우리 마음속에 남아 있는 맛의 본향本鄕이다. 김장은 조리 기술이 전승되는 통로로 어머니와 딸, 시어머니와 며느리의 체계를 통해 이어진다. 처음에는 '지켜보는' 정도였다가 서서히 버무리는 일에 '참여'하면서 기술이 전승된다. 이 과정에서 재료의 선택, 절이는 방법, 양념 준비 방법 등을 자연스럽게 익히게 된다. 조리 기술을 전승해 주는 어머니나 할머니도 순서나 기록을 가지고 하는 학습이 아니라 김장을 하는 행위 자체가 전통 문화의 전승 통로였던 것이다. 예부터 '법도 있는 집안의 규수는 서른여섯 가지 김치 담는 법을 익혀 시집을 갔다'라고 한다. 김치 맛으로 그 집안의 음식 솜씨를 평가하는 습속이 지금까지 내려오고 있는 것이다.

김치라는 하나의 식품을 200여 종의 다양한 김치로 발전시킨 것은 우리의 어머니요, 할머니요, 여성들이다. 수천 년 동안 이어 온 '어머니의 솜씨'는 무형 유산이자, 어머니의 솜씨에 숨겨진 지혜는 각 가정과 지역마다 다르게 이어져 온 개성이다. 김치가 세계적인 식품으로 인정받게 된 가장 큰 공로 역시 어머니들의 솜씨라고 할 수 있다. 대를 이어 온 전수 과정을 통해 우리 음식 문화의 맛과 멋이 오늘날까지 전해 오고 있다.

맛있는 김치를 오랫동안 맛이 변하지 않게 먹을 수 있는 보관과 저장의 핵심은 일정한 온도를 유지하고 산패를 방지하는 데 있다. 가정에서의 김치 저장 및 보관 요령은 다음과 같다.

김치의 저장과 보관

먼저 김치는 항아리에 손으로 꼭꼭 눌러 중간에 있는 공기를 빼고 절인 우거지나 비닐을 덮어 공기와의 접촉을 차단한다. 김치를 독에 넣을 때는 한 번 먹을 정도인 2포기 정도씩 나누어 비닐 봉지에 따로따로 담아 차곡차곡 담으면 꺼낼 때 편리하다. 김치가 익는 동안 무거운 돌로 눌러 주어 압력을 높이면 식염 효과를 가속화하여 채소에 들어 있는 즙이 빨리 흘러나와 공기와 접촉하는 것을 막아 준다. 이렇게 하면 빨리 익거나 채소의 모양이 변하는 것을 막을 수 있다.

김치국물은 우거지 아랫부분까지만 잠길 정도로 붓는 것이 좋다. 김치가 익으면서 국물이 우거지에 닿으면 우거지의 짠맛 때문에 김치 맛이 없어지지만 김치는 국물에 잠겨야 맛과 색이 변하지 않는다. 김치 국물은 김치의 젖산균이 정상적인 활동을 하는 공간이다. 김치의 젖산균은 김치에서 산소를 제거하는데, 이 과정에서 젖산이나 초산 같은 유기산을 만들어 내어 신맛이 나게 한다. 또한 가스(이산화탄소)를 포화시켜 상큼한 맛을 더해 준다. 김치국물에는 우리 몸에 유익한 젖산균이 20여 종이나 들어 있는데, 1g당 5~10억 마리 수준이다. 이것이 바로 김장 김치의 특징이자 김장 김치가 맛있는 이유이다.

그리고 일단 항아리에 담은 김치는 다른 항아리로 옮기지 말아야 한다. 항아리 뚜껑을 열면 공기와 접촉하여 맛이 떨어지고, 같은 항아리의 김치라고 해도 처음 꺼내는 김치와 다 먹어 갈 무렵에 꺼낸 김치의 맛은 다르다. 또 젖은 손으로 꺼내면 곰팡이가 생기기 쉽고 빨리 시어지므로 주의해야 한다.

김치 풍미 유지하기

김치가 익는 것은 김치 내의 산도(酸度)가 낮아진다는 것으로, 달걀 껍질 등 알칼리성 재료를 넣으면 김치가 시어지는 것을 막을 수 있다. 깨끗이 씻은 달걀 껍질을 가제에 싸서 김치 사이사이에 넣어 두면 된다. 배추 2포기에 달걀 껍질 1개 비율이 가장 적당하다. 밤 껍질에 들어 있는 탄닌 성분도 김치가 시어지는 것을 막아 주므로, 깨끗이 씻은 날밤 껍질이나 삶은 밤 껍질을 달걀과 함께 싸서 김치 사이에 넣어 둔다. 완전히 익었다면 깨끗이 씻은 조개 껍데기를 삼베 주머니에 넣어 김치국물에 넣으면 신맛이 조금이나마 줄어든다.

언제 먹을 것인지를 결정한 뒤 보관 온도를 적당하게 조절하는 것도 김치의 풍미를 높이는 중요한 요인이다. 김치가 가장 맛있게 익기 위한 저장·보관 온도는 0~5℃이다. 저장 온도가 높아질수록 젖산 생성이 빨라지고, 그 양도 많아진다. 온도가 높으면 맛이 들기도 전에 김치가 익어 버리고, 반대로 온도가 너무 낮으면 발효가 잘 진행되지 않아 김치가 익지 않는다. 영하 이하의 장소에서는 김치가 얼어 김치 조직을 파괴하여 김치의 특성을 빼앗아 가므로 주의해야 한다.

한편 우리 조상들은 김치를 보관하는 용기나 방법에도 많은 정성을 기울였다. 김치를 저장하는 독과 항아리를 통틀어 '옹기'라고 하는데, 옹기는 가마에서 구워지는 동안 독 전체에 미세한 숨구멍이 생성되어 김치가 적절히 발효될 수 있는 최상의 조건이 된다. 옹기는 지역에 따라 독특한 모양과 색깔을 띤다.

김치를 담그는 용기도 독·중두리·바탱이·항아리 중에서 김치의 종류나 먹는 시기에 따라 알맞은 것을 골라 짚으로 싸서 땅에 묻어 저온에서 젖산 발효를 유도하였다. 정성을 다해 만든 항아리라야 김치의 제맛을 내 준다고 믿은 것이다. 그래서 우수나 경칩이 지나 땅이 풀린 직후의 흙을 빚어 이른봄에 제일 먼저 구워 낸 독이 단단하고 공기도 통하지 않아 김치 맛이 그대로 보존된다고 하여 가장 귀하게 여겼다.

김치를 보관하는 장소는, 일찍 먹을 김치는 장독대 응달에 묻고, 늦겨울에 먹을 것은 도장(창고)에 보관했으며, 겨울에 내어 봄에 먹을 것은 땅에 묻었다. 특히 김치를 항아리에 담기 전에 고춧대와 고추씨를 태위 그 연기로 항아리를 소독하면 잡균이 번식하는 것을 예방할 수 있다.

 김장을 장기 발효시키거나 숙성시키기 위해 땅에 김칫독을 묻고 그 위에 가는 통나무를 원뿔 모양으로 세워 짚을 덮어 만든 작은 움집 형태의 김치광을 짓기도 했다. 이렇게 하면 눈과 비를 피할 수 있을 뿐만 아니라 땅속 온도를 일정하게 유지시켜 김치를 숙성하고, 김치의 신선도를 유지할 수 있다. 이를 통해 자연의 섭리를 그대로 이용한 우리 선조들의 지혜를 엿볼 수 있다. 김치독 밑에 밤나무 잎이나 도토리나무 잎을 10cm 정도 쌓아 주면 김치의 신맛이 나뭇잎 성분에 의해 중화되어 김치가 시어지는 것을 막을 수 있다.

 김치를 담근 뒤 골마지(간장이나 된장, 술, 초, 김치 따위 등 물기 많은 음식물의 겉면에 생기는 곰팡이 같은 물질)가 지지 않도록 하기 위해 댓잎·우거지·무 껍질·절인 배춧잎·상수리 잎·땅두릅잎사귀·배 껍질·짚·무청 절인 것·잎사귀·수숫잎 등으로 위를 덮었다. 그리고 그 위에 그릇이나 수수깡, 단단한 나무, 돌 등을 올려 눌러 주거나 가로질러 놓았다. 겨울 김장독을 땅에 묻고 해를 묵히면 그것이 곧 '묵은지'가 되어 독특한 맛과 향을 낸다.

 우리 조상들은 더운 여름에 김치를 저장하기 위해서 석정石井을 설치한 뒤 내부에 이중독을 넣어 흐르는 물이 통하게 하여 김치를 차가운 온도로 보존할 수 있게 하였다. 최근에는 용량과 형태, 기능이 다양한 김치 냉장고가 개발되어 각 가정과 식당에 일반화되고 있다. 그 덕분에 김치의 종류나 입맛에 따라 최적의 숙성 온도를 유지하고 신선도를 유지할 수 있어 사시사철 맛있는 김치를 먹을 수 있다.

〈그림〉 김장 김치 속의 미생물 수 변화(자료 : 서울대 정가진 교수)

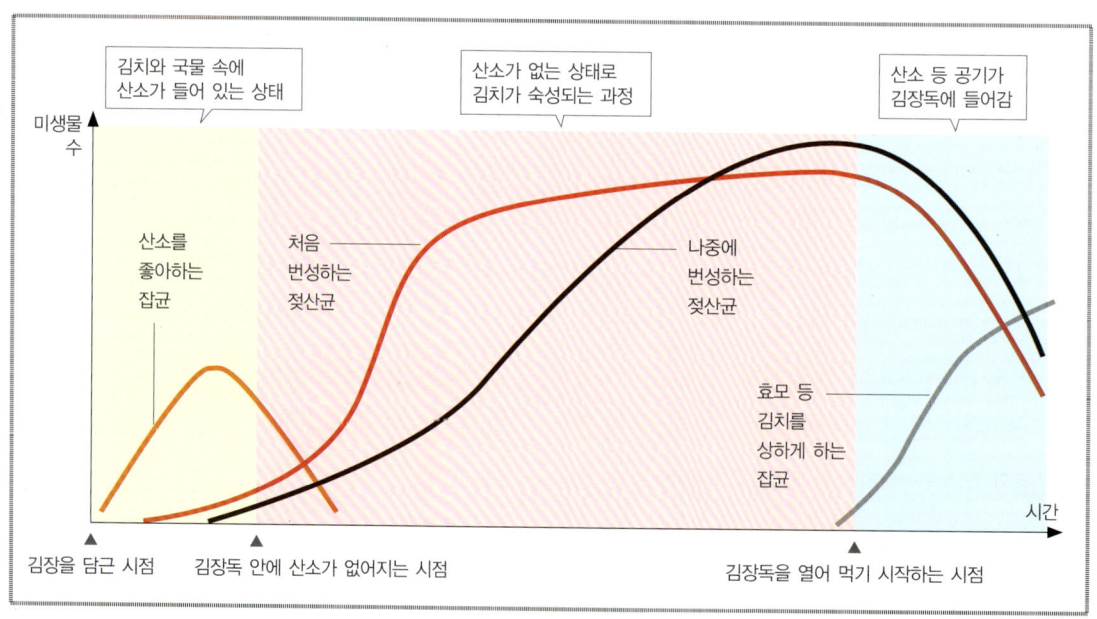

김치와 기무치의 비교

배추김치에 대한 국제 통용명은 'Kimchi'로, 우리나라 김치가 스위스 제네바에서 열린 코덱스[CODEX : Codex Alimentarius Commission, 국제식품규격위원회] 제24차 총회에서 국제 식품으로 최종 승인을 받았다.

코덱스에서 정한 김치 제품의 정의는 '절임 배추에 여러 가지 양념류[고춧가루·마늘·생강·파·무 등]를 혼합하여 제품의 보존성과 숙성도를 확보하기 위하여 저온에서 젖산 생성을 통해 발효한 제품'이다. 코덱스가 승인한 김치는 젖산 생성을 통해 발효된 '배추 절임 식품'을 말한다. 김치는 '채소류의 모듬 음식이며, 젖산 발효 식품'이라고 하며 김치의 특징을 '모듬 음식'이라고 지적하기도 한다.

김치와 기무치의 가장 큰 차이는 발효가 되었는가, 발효가 되지 않았는가에 있다. 김치는 산미는 담근 뒤 서서히 발효가 진행되면서 각종 유기산을 합성하며 맛을 내는 자연적인 맛인 데 반해 기무치는 인위적으로 유기산을 첨가한 인공적인 산미[사과·젖산·구연산 등]라고 할 수 있다. 언뜻 보면 기무치, 즉 아사즈케는 우리나라의 김치와 같은 것으로 보이지만 전혀 다른 식품이다. 배추를 소금에 절이는 대신 간장을 넣고, 붉은색을 내기 위해 고춧가루 대신 색소를 첨가했기 때문이다.

김치에 빠져서는 안 되는 마늘에는 비타민 B1의 흡수를 도와 노화를 방지하고 항산화 작용을 하는 알리신이 들어 있다. 고춧가루는 젖산균의 성장을 도와 김치를 맛있게 발효시켜 주고 잡균을 억제하는 효과가 있다. 고추의 대표 성분인 캡사이신은 젓갈류의 산패를 막을 뿐만 아니라 단백질을 분해하여 김치 맛을 유지시켜 주는 중요한 역할을 한다. 동물을 대상으로 실시한 실험 결과에 의하면, 혈액암 세포에 캡사이신을 넣었더니 세포 벽이 굳어지면서 암세포 성장이 멈췄다고 한다. 또한 육류·어류인 젓갈이 들어 있어서 아미노산과 동물성 단백질을 섭취할 수 있고, 칼슘도 풍부하다. 채소에 풍부한 식이섬유가 대장 운동을 돕고 콜레스테롤을 억제해 줌으로써 동맥경화를 억제하고 장내 노폐물을 제거하며 비만 및 대장암 예방에도 효과를 나타낸다.

1999년 일본 후지 TV에서 방영된 《한국 김치 특집 프로그램》에서 한국산 김치와 일본 기무치의 젖산균 수를 비교 실험한 결과에 의하면, 김치 1g에는 무려 8억 마리의 젖산균이 들어 있는 반면 기무치인 아사즈케 1g에 들어 있는 젖산균 수는 480만 개에 불과했다. 한국 김치의 젖산균 수가 일본 기무치보다 무려 167배나 많은 것으로, 이는 요구르트의 젖산균 수와 맞먹는 수준이다.

후지 TV는 김치의 경우 젓갈이 있는 동물성 단백질[새우젓이나 굴젓 등]과 다른 재료와 함께 증식하여 엄청난 양의 젖산균을 만들어 낸다고 밝히며, 특히 이 젖산균은 위산에 강해서 장까지 살아서 도달한다고 보도했다.

반면 기무치(キムチ)는 김치의 일본식 발음으로, 김치를 일본인들이 좋아하는 맛으로 변형시킨 음식이

다. 맛은 김치와 비슷하지만 발효 과정을 생략하고 절임 후 초로 신맛을 냈으며, 매운맛이 거의 없고 김치보다 더 달짝지근하다는 것이 특징이다.

기무치를 뜻하는 아사즈케는 발효가 안 된 김치로, 일종의 겉절임이라 할 수 있다. 아사즈케는 일본의 채소 절임류를 총칭하는 쓰케모노의 한 종류로, 다양한 채소를 소금이나 된장, 간장, 식초 등에 절여서 만든다. 사용한 채소의 종류와 지방에 따라 종류가 많

다. 1990년대 중반부터 한국의 김치가 붐을 이루면서 바로 이 아사즈케, 즉 기무치의 생산량이 계속 증가하고 있는 것이다.

일본인들은 젖산 발효를 통해서 얻어지는 신맛을 싫어하는데, 기무치에는 자연산이 아닌 여러 가지 화학 첨가물이 들어가기 때문에 부드러운 신맛이 난다. 또 자연 발효하는 대신 식품 첨가물을 넣기 때문에 대량 생산과 장기 보관이 가능하다.

● **김치와 기무치의 비교**

분류	김치	기무치
발효	● 자연 발효 : 복잡한 미생물의 활동에 의한 화학적 반응을 거치는 자연 발효 ● 발효 채소 식품 : 식품의 5가지 기본 맛(짠맛·단맛·신맛·매운맛·떫은맛)에 젓갈의 단백질이 주는 맛과 발효의 훈향을 더한 발효 채소 식품	● 무발효 절임류로 일종의 겉절임. 발효 작용 없이 양념 맛이 배도록 무침 ● 식품 첨가물 첨가 ● 대량 생산 및 장기 보관 가능
맛	● 삭은 맛 : 가장 한국적인 맛 ● 감칠맛과 상쾌한 신맛의 조화 : 양념의 배합이 조화를 이룬 복합적인 맛. 유기산과 향미가 생성되어 음식을 먹은 뒤 개운한 입맛이 됨	● 소금에 절인 채소 맛 ● 단순하고 담백한 맛으로 매운맛이 거의 없고 단맛이 강함 ● 기무치를 뜻하는 아사즈케는 채소 절임류를 총칭하는 쓰케모노의 일종
기능성	● 암 예방 및 항암 작용 ● 항산화(항노화) 작용 ● 항동맥경화 ● 비만 억제 ● 바이러스 감염 억제 ● 변비 및 대장암 예방 ● 생균제 역할	● 기능 성분 미미함
절임	● 채소를 소금에 절여 고춧가루·마늘·파 등의 갖은 양념과 젓갈 또는 어류를 넣고 버무려 일정 기간 저장	● 소금에 절인 뒤 초로 신맛을 내고 담백한 양념으로 조미 ● 배추를 소금 또는 간장에 절이고, 붉은색을 내기 위해 고춧가루 대신 색소를 첨가
산미	● 각종 유기산이 합성되어 내는 자연적인 산미	● 인위적으로 유기산(사과산·젖산·구연산 등)을 첨가한 인공적인 산미
젓갈 사용	● 젓갈과 어패류를 넣어 칼륨·칼슘·마그네슘 등의 미네랄 풍부	● 젓갈을 사용하지 않음 ● 식물성 식품에 의한 칼슘 함유
젖산균 수	● 1g당 8억 마리의 젖산균 함유. 기무치의 167배 ● 잘 익은 김치는 젖산균 음료보다 젖산균이 100배 이상 많음 ● 김치 젖산균은 위산에 강해 장까지 살아서 도달함 ● 부패와 변질을 초래하는 잡균의 침입과 번식을 막음 (이질균·장티푸스균 등)	● 1g에 480만 개
배추 품질	● 맛과 저장성이 좋은 결구 배추 생산	● 일본 토양의 특성상 배추에 수분이 많아 저장할 수 없음
주양념	● 고춧가루 : 신선도 유지 ● 마늘 : 자연 항암제	● 간장, 식초, 설탕

색 인

● 김치

ㄱ
가자미식해 ... 125
가지김치 ... 146
가지냉국 ... 119
갈치통배추김치 ... 72
갓김치 ... 133
고구마순김치 ... 144
고들빼기김치 ... 135
고추소박이 ... 141
고춧잎김치 ... 148
과메기깻잎말이김치 ... 153
구기자배추김치 ... 160
굴무생채 ... 103
김냉국 ... 121
깍두기 ... 84
깻잎김치 ... 147

ㄴ
나박김 ... 81
낙지깍두기 ... 138

ㄷ
달래도라지겉절이 ... 111
더덕김치 ... 162
도라지김치 ... 163
돌나물김치 ... 115
동치미 ... 79

ㅁ
매실청무말이김치 ... 157
머위겉절이 ... 110
명태김치 ... 73
무말랭이김치 ... 149
무보쌈김치 ... 85
무생채 ... 102
묵은지 ... 71
미나리김치 ... 145

ㅂ
바나나갓김치 ... 167

배추겉절이 ... 96
백김치 ... 75
부추김치 ... 142
비늘김치 ... 136

ㅅ
상추겉절이 ... 106
서울경기식 배추김치 ... 69
석류김치 ... 127
섞박지 ... 83
수삼김치 ... 164
시금치겉절이 ... 107

ㅇ
알배추겉절이 ... 100
알타리무동치미 ... 88
알타리무장김치 ... 89
양배추말이물김치 ... 131
양배추물김치 ... 101
양배추오이김치 ... 104
양파김치 ... 140
연근갓물김치 ... 154
열무김치 ... 91
열무물김치 ... 91
오미자물김치 ... 159
오이냉국 ... 117
오이롤김치 ... 137
오이소박이 ... 95
오이송송이 ... 105
우엉김치 ... 165
유자동치미 ... 129

ㅈ
전라도식 통배추김치 ... 64
전복김치 ... 166
전어섞박지 ... 139

ㅊ
참나물겉절이 ... 108
참마김치 ... 161

총각김치 ... 86
총각무동치미 ... 87

ㅋ
콩나물김치 ... 109

ㅌ
톳김치 ... 150

ㅍ
파김치 ... 143
파래김치 ... 151
풋고추열무물김치 ... 93
피망김치 ... 113

ㅎ
해물보쌈김치 ... 77
호박김치 ... 122

● 김치 응용 요리

김치말이편육 ... 172
김치춘권말이튀김 ... 172
김치어만두 ... 173
김치해산물소면 ... 173
복주머니김치쌈 ... 174
와인백김치두부말이 ... 174
김치보쌈국밥 ... 174
김치쇠고기말이 ... 175
김치쇠고기크로켓 ... 175
김치베이컨말이 ... 175
오징어김치초회 ... 176
김치장어말이 ... 176
김치떡 ... 176
고구마김치초콜릿 ... 177
복분자주스김치젤리 ... 177
김치쿠키 ... 177

참고 문헌

광주광역시, 《광주김치대축제도록》, 2004
권영안 외, 《술과 전통식품》, 훈민사, 2001
김숙년, 《김숙년의 600년 서울음식》, 동아일보사, 2001
김숙년·장선용·강순의, 《105가지 김치》, 동아일보사, 2003
김연식, 《눈으로 먹는 절음식》, 우리출판사, 2003
김연식, 《한국의 사찰 음식》, 우리출판사, 2002
김정숙, 《이맘때 뭘 먹지》, 한얼미디어, 2006
김정숙, 《김치수첩》, 우듬지, 2014
나가카와 유우조, 《식탁 위에 숨겨진 항암 식품 54가지》, 동도원, 2002
박건영, 《항암 채소 영양 사전》, 아카데미북, 2013
박숙주·박지형, 《발효 맛김치 담그기》, 예신, 2006
박종철 외, 《김치의 기능성과 산업화》, 푸른세상, 2005
박종철, 《김치의 건강 기능성》, 푸른세상, 2006
신명호, 《조선 왕실의 의례와 생활》, 돌베개, 2002
이서래, 《김치류, 한국의 발효 식품》, 이화여자대학교출판부, 1992
이창식, 《전통 문화와 문화 콘텐츠》, 도서출판 역락, 2006
김귀영·박혜원·이춘자, 《김치》, 대원사, 2003
이효지, 《한국의 음식 문화》, 신광출판사, 1998
이효지, 《한국의 김치 문화》, 신광출판사, 2000
김상순·이순옥·조미자, 《한국 전통식품과 조리》, 효일문화사, 1998
최홍식, 《한국의 김치 문화와 식생활》, 도서출판 효일, 2002
최홍식, 《김치의 발효와 식품과학》, 도서출판 효일, 2004
쿠켄, 《세상에서 배우고 싶은 모든 요리》, 베스트홈, 2001
전경숙·한미라, 《한국인의 생활사》, 일진사, 2007
한복려, 《우리 김치 백 가지》, 현암사, 2005
한홍의, 《김치, 위대한 유산》, 한울 2006
황혜성, 《조선 왕조 궁중 음식》, 사단법인 궁중음식원, 2003
함경식 외 2인 《소금이야기》, 동아일보, 2008

● 논문

SAM-식품 외식 경제신문 11면, 2007월 11월 26일자
오영주, 〈김치 섭취를 통한 현대인의 건강 증진과 성인병 예방〉, 한국조리학회 2001년도 하계정기학술세미나, 2001